JOSIANE FORTIN

Doublez votre temps

Les secrets pour accomplir plus en moins de temps

ISBN: 978-2-925268-09-3

Table des matières

Mise en garde

Faites preuve de discernement lorsque vous mettez en œuvre les stratégies présentées dans ce livre. Votre sécurité doit toujours être votre priorité absolue et vous devez vous conformer à toutes les lois et règlementations en vigueur.

Les stratégies que je décris peuvent ne pas convenir à tout le monde. N'oubliez pas que vous êtes le maitre de vos actions et que c'est à vous de décider de vos priorités. Les informations sont basées sur des opinions, des compétences et des expériences personnelles et peuvent ne pas s'appliquer à votre situation. Ce livre contient une collection de conseils, d'astuces et de principes qui ont fonctionné pour moi dans différents scénarios, y compris lors de la gestion d'une entreprise, lors d'un travail de bureau, ou lors de mon temps en famille.

L'intention de cet ouvrage n'est pas de vous faire ressentir de la culpabilité en lien avec ce que vous n'arrivez pas à accomplir, mais plutôt de vous fournir des solutions pratiques pour vous aider à atteindre vos objectifs plus efficacement. Priorisez vos activités et alignez vos actions sur vos valeurs et vos aspirations.

N'oubliez pas de devenir plus productif est bénéfique seulement si vous l'employez pour atteindre vos objectifs et créer de la valeur. Utilisez les informations présentées dans ce livre pour accomplir vos tâches plus rapidement afin d'avoir plus de temps pour profiter des choses qui comptent le plus pour vous.

Créer du temps

Rêvez-vous d'avoir plus de temps dans la journée pour rayer tous les éléments de votre liste de tâches ? Si c'est le cas, j'ai une grande nouvelle à vous partager. J'ai développé un ensemble de méthodes qui m'ont permis de doubler, voire de tripler ma productivité. En effet, je peux accomplir plus de choses en une heure que la plupart des gens ne le feraient en une journée. Et maintenant, je veux vous dévoiler mes secrets.

Au fil des ans, j'ai expérimenté diverses techniques pour atteindre mes objectifs et je suis convaincue que les stratégies décrites vous aideront à faire de même. Puisque les gens me demandent souvent conseil en matière de productivité, j'ai décidé d'écrire ce livre pour enseigner mes meilleures stratégies, dont le multitâche.

D'un côté, de nombreuses études ont montré le multitâche n'est pas efficaces et que la capacité du cerveau à se concentrer diminue avec le temps. Un article paru dans McGraw Hill Higher Education indique que « Clifford Nass, chercheur à l'université de Stanford, a découvert que même lorsque les personnes qui font du multitâche chronique se concentrent sur une seule tâche, ils sont moins efficaces. Il a conclu que le multitâche fréquent modifie le fonctionnement du cerveau, ce qui entraîne une baisse de la productivité, même pendant une période de concentration. »[1] L'article poursuit en énumérant les nombreux inconvénients du multitâche : il diminue la capacité de concentration, ralentit, rend impoli, cause des erreurs, coupe le flux de travail et pourrait avoir des effets néfastes.

Cette étude s'est intéressée aux personnes qui réalisent simultanément plusieurs tâches avec leur cerveau. Il en résulte que ce dernier ne peut pas exécuter plus d'une tâche à la fois, même s'il est capable de passer rapidement d'une tâche à l'autre. Par exemple, vous pouvez penser que vous suivez très bien un film tout en faisant défiler Facebook, mais il s'agit simplement d'un changement d'attention rapide.

Si effectuer deux tâches intellectuelles en même temps est inefficace, qu'en est-il de la combinaison d'une activité physique avec une activité mentale ? Vous utiliseriez ainsi votre esprit et votre corps au lieu de solliciter deux fois votre cerveau. Vous pourriez alors être en mesure d'accomplir beaucoup plus de tâches. Par exemple, vous pourriez consulter vos courriels tout en marchant sur un tapis roulant. C'est le secret du multitâche efficace : combiner une tâche physique monotone avec une activité intellectuelle.

Vous pouvez être sceptique quant à l'affirmation selon laquelle vous pouvez doubler votre temps. Cette dernière est une ressource limitée qui ne peut pas être modifiée. Toutefois, si vous pouvez effectuer deux tâches en même temps, vous optimisez votre journée et en faites plus. Durant vos activités routinières, vous pouvez avoir l'impression de perdre votre temps, mais si vous accomplissez deux tâches importantes si-

---

[1] https://www.mheducation.com/highered/ideas/resources-articles/multita
sking-good-or-bad-for-you

multanément, d'une certaine façon, vous doublez vos résultats.

J'ai écrit ce livre pour partager mes expériences et mes idées, dans l'espoir qu'il vous aidera à atteindre vos objectifs et à accroitre votre productivité. Alors, commençons et apprenons à tirer le meilleur parti du temps dont nous disposons !

L'étincelle

Lorsque j'ai décroché mon premier emploi à temps plein après l'université, je me suis rapidement rendu compte que les quelques heures libres dont je disposais après le travail étaient essentiellement consacrées à des activités à faible retombées telles que faire le ménage ou regarder la télévision. J'avais honte de ne pas être plus motivée. Je rêvais d'écrire un roman, mais je savais que je n'y parviendrais pas avec des croustilles et des téléséries.

Je lisais des ouvrages sur la productivité depuis mon adolescence, et il était temps d'appliquer ces connaissances avec plus de sérieux. J'ai expérimenté différentes techniques et mis en œuvre celles qui me convenaient le mieux. Au fur et à mesure que j'avançais, je suis devenue experte en productivité.

Ma motivation était de conserver la sécurité d'un salaire normal tout en trouvant suffisamment de temps pour écrire, peindre et bouger. Les rêves et les projets se sont ensuite multipliés et, aujourd'hui, en tant que conjointe, mère de deux enfants et propriétaire, je dois réaliser encore plus d'activités si je veux atteindre mes objectifs personnels.

Au fil du temps, j'ai accompli plus que je ne l'aurais cru possible. La liste de mes réalisations personnelles s'est allongée. Bien sûr, j'aimerais être encore plus avancée, mais les gens sont souvent surpris lorsque je publie un nouveau livre ou que j'obtiens un diplôme supplémentaire. Ils me demandent : « Où trouves-tu le temps de faire tout ça ? ».

Il n'est pas toujours facile de poursuivre nos rêves, mais je garde l'espoir qu'en répondant « présente » et en faisant de petits pas chaque jour, j'accomplirai petit à petit ma liste de rêves qui ne cesse de s'allonger. Même le plus insignifiant progrès dans la bonne direction, comme l'envoi d'un courriel, peut être le tournant qui mène à quelque chose de plus grand.

Certains projets nécessitent du temps et des efforts constants. L'écriture d'un livre, par exemple, ne peut se faire en quelques heures. Cependant, en s'engageant à écrire ne serait-ce que deux-cents mots par jour, on peut finir par achever un manuscrit. En négligeant ce modeste objectif quotidien pendant des années, le temps s'écoule sans que le rêve de publier un roman puisse se réaliser. De même, maintenir une bonne condition physique ne se réalise pas en une seule séance d'entrainement, mais grâce à des exercices réguliers effectués au fil du temps.

Lorsque nous nous engageons à atteindre un objectif et que nous le respectons, nous incarnons des personnes fiables et dignes de confiance. Le non-respect de nos propres engagements n'affecte pas seulement cette occurrence, mais façonne notre identité. En effet, négliger une obligation personnelle crée une mauvaise habitude qui peut devenir un modèle comportemental. Par exemple, le fait d'éviter la salle de sport alors que vous aviez prévu d'y aller n'a pas seulement un impact sur cette journée, mais modifie également votre caractère. Ainsi, vous devenez plus susceptible de vous associer à l'image d'une personne sédentaire en prenant la mauvaise habitude de ne pas vous entrainer. Il est donc essentiel de maintenir une constance, même lorsque la motivation est faible.

Nos pensées et nos croyances exercent une influence considérable sur nos actions et, par conséquent, sur notre propre réalité. Si nous pensons que nous manquons de temps, de ressources ou de motivation pour réaliser quelque chose, l'objectif devient plus difficile à atteindre. En revanche, en cultivant des émotions positives telles que l'espoir et la détermination, nous pouvons surmonter les difficultés et terminer ce que nous avons entrepris. Devenez une personne en qui vous pouvez avoir confiance. Faites ce que vous avez prévu de faire. Le pouvoir de votre esprit sur votre corps est réel, alors utilisez-le.

Personnellement, l'espoir est l'émotion dans laquelle je puise régulièrement pour me motiver. Elle me propulse hors de ma zone de confort et m'encourage à continuer malgré les obstacles, car j'alimente l'espoir de récolter les fruits de mon travail. Repensez à un moment où vous avez persisté dans l'adversité. Quelles émotions vous ont soutenu ?

Ce livre est divisé en deux parties. Dans la première, vous apprendrez des trucs et astuces pour accroitre votre efficacité. Dans la deuxième, vous explorerez le concept de combinaison d'activités pour maximiser votre temps.

C'est parti !

Partie 1 — Maitriser les bases

« Lorsque nous parlons de gestion du temps, il semble ridicule de se préoccuper de la vitesse avant la direction, de gagner des minutes alors que nous risquons de perdre des années. »

– Stephen R. Covey

Avant d'aborder la question de l'efficacité du multitâche, j'aimerais vous faire part de quelques conseils et astuces de productivité qui ont fait leurs preuves. Je vous encourage à les expérimenter et à évaluer leur utilité pour vous. Essayez d'en intégrer au moins quelques-uns dans votre routine, que ce soit au travail ou à la maison. Ce n'est qu'en procédant par essais et erreurs que vous pourrez déterminer comment ces stratégies peuvent vous aider à atteindre vos objectifs.

La première étape sur la route de la productivité réfléchie consiste à clarifier vos priorités, car se précipiter vers un objectif qui ne correspond pas à vos valeurs équivaut à perdre du temps inutilement. Avant d'entreprendre un voyage, il est primordial de vous assurer que la destination vous intéresse.

Pour créer une vie épanouissante, vous devez avoir une vision claire basée sur vos valeurs et vos rêves. N'acceptez pas de simplement reproduire des situations passées, car le passé ne détermine pas ce que l'avenir vous réserve. Vous avez le pouvoir de prendre un nouveau départ et de poursuivre vos rêves. Créez votre propre plan de réussite et efforcez-vous d'accomplir les tâches qui figurent sur votre liste.

Choisissez la destination qui vous correspond véritablement, puis trouvez le moyen d'y parvenir plus rapidement.

Chapitre 1 — Fixer des priorités

B ien qu'il soit indéniablement gratifiant de cocher frénétiquement notre liste de tâches, il est également facile de se laisser entrainer dans des activités qui apportent peu de valeur. Nous avons l'impression d'avoir travaillé fort, mais sans obtenir de résultats concluants en retour. Ainsi, nous nous essoufflons et nous décourageons devant si peu de retombées. À courir plus vite dans la mauvaise direction, nous nous égarons plus rapidement. Pour ces raisons, il est essentiel d'établir un plan de vie avant de se lancer dans l'action.

La gestion du temps ne consiste pas seulement à accomplir davantage de tâches, mais aussi à se concentrer sur celles qui comptent vraiment. Pour ce faire, vous devez bien comprendre vos objectifs, vos principes et vos priorités. Il est gratifiant d'obtenir des résultats seulement lorsqu'ils correspondent à votre vision de la vie. Si vous ne vous concentrez pas sur vos objectifs, vous risquez de vous retrouver à résoudre les problèmes urgents de quelqu'un d'autre ou à accepter des invitations au hasard, ce qui diminuera votre marge de manœuvre pour vous atteler aux tâches les plus importantes pour vous. Gardez le cap et ne vous laissez pas distraire.

Il est fréquent que les gens remplissent leur emploi du temps de manière arbitraire, sans plan, sans direction, sans vision, en réagissant à tout ce que la vie leur envoie. Ils peuvent croire que le fait d'être occupé est une condition préalable au succès ou à la valeur, mais c'est une erreur qui peut conduire à l'épuisement et au mécontentement.

Au lieu d'essayer de tout faire, concentrez-vous sur les activités qui ont le plus de sens pour vous. Veillez à ce que votre emploi du temps corresponde à vos aspirations et n'hésitez pas à décliner les offres qui n'en valent pas la peine. Il est facile de se laisser absorber par l'agitation de la vie et de négliger ce qui compte vraiment pour vous.

Votre vision peut évoluer au fil du temps. Par exemple, dans la vingtaine, vous pouvez rêver d'une maison et d'une voiture luxueuses, dans la trentaine, désirer plus que tout une famille nombreuse, pour changer encore dans la quarantaine pour vous accorder un mode de vie plus simple, hors réseau. Tous ces désirs sont valables, mais ils nécessitent des approches différentes. Si vous constatez que votre vision a évolué, adaptez vos actions en conséquence.

S'efforcer de travailler plus vite sans suivre votre voie ne contribuera pas à votre satisfaction. Au contraire, cela vous détournera de ce qui compte vraiment.

Chapitre 2 — Décider

P our gagner du temps et agir davantage, il est essentiel d'éviter l'indécision. En réalité, décider n'exige que quelques secondes. Bien que certaines décisions puissent nécessiter plus d'informations, d'après mon expérience, réfléchir est souvent une forme de procrastination motivée par la peur de prendre une mauvaise décision. Cependant, il n'existe pas de mauvais choix. Chacun d'entre eux nous fait progresser, même les soi-disant mauvais. Lorsque vous refusez de décider, vous restez là où vous êtes, et il n'y a pas de place pour la croissance ou l'amélioration.

C'est particulièrement vrai pour les petites décisions quotidiennes. Par exemple, ne perdez pas de temps à lire un courriel et à le mettre de côté parce que vous n'êtes pas sûr de la marche à suivre. Soyez décisif. Déterminez la prochaine étape et exécutez-la immédiatement : répondez, transférez ou supprimez le message. Si vous n'avez pas le temps d'agir sur le champ, ne l'ouvrez même pas. Pourquoi voudriez-vous lire un courriel plusieurs fois alors que vous en recevez déjà trop ?

Un autre aspect de la prise de décision consiste à saisir les occasions sans trop s'attarder à la possibilité d'un échec. Imaginez, par exemple, que vous souhaitiez que les gens reconnaissent davantage votre expertise dans un certain domaine.

Un vieil ami vous contacte pour vous proposer de prendre la parole lors d'un webinaire qu'il organise dans le cadre de son travail. Accepteriez-vous ? De nombreuses personnes refuseraient cette opportunité, prétextant qu'elles ne sont pas prêtes ou qu'elles souffrent du syndrome de l'imposteur. En revanche, une personne décisive reconnaitrait rapidement que cette opportunité correspond à sa vision, l'accepterait, puis prendrait les actions nécessaires pour en faire un succès. Ne bloquez pas les bonnes occasions qui se présentent, accueillez-les !

J'aime me considérer comme quelqu'un qui ne refuse jamais une opportunité. Chaque fois que je tombe sur une offre d'emploi qui m'intéresse, j'envoie mon CV. Lorsqu'il y a un appel à projets, je remplis le formulaire de candidature. S'il y a un concours d'écriture, je soumets ma nouvelle. On me refusera peut-être, mais je ne me dirai pas non à moi-même. Je ne veux pas regretter d'avoir manqué une occasion et me demander ce qui aurait pu être. Je sais que j'ai tout donné, à chaque instant.

Aussi, avec le temps, j'ai appris qu'il est plus facile de recevoir des réponses négatives. Dans le passé, un refus pouvait m'immobiliser pendant une semaine ou plus, me laissant humiliée d'avoir essayé. Aujourd'hui, ma honte ne dure que quatre secondes et je me remets sur les rails. Si ce que j'avais à offrir ne convenait pas, cela ne signifie pas que je ne vaux rien. Le moment était peut-être mal choisi. Alors, quelle est la prochaine étape ?

En revanche, j'ai obtenu beaucoup d'opportunités et plusieurs emplois en sortant de ma zone de confort. J'ai célébré de nombreux succès grâce à cette approche. Prendre le risque d'être refusé, c'est prendre le risque d'atteindre le succès.

Prendre des décisions, c'est exercer le contrôle sur sa vie, la façonner selon ses aspirations. Si vous ne décidez pas, vous choisissez l'option par défaut et vous ne menez pas votre existence en pleine conscience. De nombreux projets échouent à cause de l'indécision. Faire un choix et s'y tenir est l'une des actions les plus primordiales que vous puissiez faire avec votre cerveau humain.

Les minutes que vous passez à hésiter sur l'étape suivante vous éloignent de vos rêves. Prenez le temps de trouver la réponse à l'intérieur de vous afin d'aller de l'avant sans faillir.

Un proverbe dit « Mieux vaut demander pardon que permission ». Attendre l'autorisation d'une tierce personne est un signe de peur puisque nous transférons la responsabilité à un tiers. Pourquoi chercher à perdre notre pouvoir ?

Finalement, prendre une décision allège votre charge mentale. Votre cerveau n'aura plus besoin de gaspiller de l'énergie à se poser la même question en boucle.

Alors, quelles décisions prendrez-vous aujourd'hui ?

Chapitre 3 — Planifiez votre année

En vous basant sur les priorités que vous avez établies, vous devriez avoir une vision de vie plus précise. Maintenant, quels sont les domaines clés sur lesquels vous souhaitez travailler cette année pour en faire une réalité ? Quelles actions spécifiques devez-vous entreprendre au quotidien ? Êtes-vous quelqu'un qui peut se concentrer sur un unique projet pendant quelques mois avant de passer à un autre, ou préférez-vous travailler sur plusieurs à la fois ?

La sagesse populaire suggère que prioriser un seul objectif est la manière la plus efficace de progresser. Cependant, cette approche ne convient pas à tout le monde. Certaines personnes, dont je fais partie, aiment la variété et trouvent que le fait de travailler sur plusieurs projets à la fois leur permet de rester motivées. D'après mon expérience, essayer de se concentrer sur un unique objectif peut conduire à l'ennui et à la procrastination, ce qui ralentit les progrès. J'ai donc trouvé un équilibre qui me convient : quatre ou cinq projets par an que je peux mener de front, en fonction de mon humeur et de mon niveau d'énergie.

Si vous aimez la variété comme moi, vous préférerez peut-être travailler sur plusieurs objectifs à la fois, quitte à prendre plus de temps pour chacun d'entre eux. L'essentiel est de se connaitre soi-même et d'expérimenter différentes approches.

J'ai écrit un livre intitulé « Plan annuel en 5 étapes », qui est spécialement conçu pour les personnes ayant de nombreux centres d'intérêt, qui pourrait vous être utile si vous êtes une personne multipotentielle comme moi.

Quel que soit votre style de travail, il est important de fixer des objectifs clairs pour l'année et de prévoir des moments pour y travailler. Examinez vos progrès chaque mois pour rester sur la bonne voie. Quels sont les projets sur lesquels vous avancez bien ? Qu'est-ce qui ne fonctionne pas ? Y a-t-il de nouvelles tâches à ajouter à votre liste pour vous rapprocher de vos objectifs personnels ou professionnels ? N'hésitez pas à revoir vos cibles si vos priorités changent ou si la vie vous réserve des surprises. La planification doit être un processus souple et dynamique qui évolue avec vous.

Chapitre 4 — Planifiez votre semaine

Une fois que vous avez une vision de votre vie et que vous avez identifié ce sur quoi vous voulez travailler pendant l'année, il est important de diviser ces plans ambitieux en étapes plus petites qui peuvent être accomplies dans des périodes courtes. Le meilleur moyen d'y parvenir est de prévoir une séance de planification au début de chaque semaine.

Durant cette séance, faites le point sur vos projets en cours, mettez à jour votre liste de tâches et votre calendrier, et vérifiez les échéances, les réunions et les formations à venir. Posez-vous la question suivante : « Quelles étapes dois-je prioriser cette semaine pour m'assurer du succès de mes objectifs ? »

J'avais l'habitude de consacrer une heure à cette planification, mais aujourd'hui je trouve que trente minutes suffisent. Décomposer un projet en éléments gérables peut s'avérer difficile, mais rappelez-vous le proverbe : « Comment manger un éléphant ? Une bouchée à la fois ».

Si vous n'êtes pas sûr de ce qu'il faut faire ensuite, faites un remue-méninge. Par exemple, vous pourriez vous dire : « Je pourrais commencer par parler à Samuel », ce qui pourrait vous faire réaliser que vous avez d'abord besoin d'informations de la part de Jonathan, ce qui vous amènerait à envoyer un courriel à Jonathan. Ce processus de réflexion vous aide à générer des possibilités et à sortir d'une prétendue impasse.

Chaque tâche doit être une action spécifique qui peut prendre de cinq à soixante minutes. Il peut s'agir, par exemple, d'appeler un consultant pour prendre rendez-vous, d'écrire trois-cents mots ou d'envoyer une proposition commerciale à cinq clients potentiels. Il est important de savoir quand une tâche est considérée comme terminée. Si celle-ci prend moins de cinq minutes, réalisez-la immédiatement. Vous éviterez ainsi que les petites tâches ne s'accumulent et ne deviennent une source de distraction.

Si vous travaillez en étroite collaboration avec d'autres personnes, il est recommandé de tenir des réunions hebdomadaires pour suivre l'avancement des projets. Avec une bonne organisation, il vous suffit de consulter votre liste d'actions pour que cette réunion ne dure pas plus de dix minutes.

Chapitre 5 — Planifiez votre journée

Le meilleur moment pour planifier demain est aujourd'hui. Avant la fin de votre journée de travail, prenez quelques minutes pour passer en revue votre liste de choses à faire et rayer les tâches accomplies ou annulées. Pensez également à consulter votre agenda pour avoir une idée de ce qui vous attend au bureau le lendemain. Cette habitude vous permettra de toujours être préparé en conséquence, que ce soit pour rassembler des documents en vue d'une réunion ou pour vous habiller de manière appropriée pour un rendez-vous important. En outre, l'examen de votre calendrier peut vous aider à éviter les surprises, comme un rendez-vous chez le médecin en milieu de journée que vous auriez pu oublier. Ainsi, vous ne serez pas pris au dépourvu, évitant stress et désagréments.

À la fin de la journée, déterminez les trois tâches principales que vous devez accomplir le lendemain afin de progresser vers vos objectifs les plus importants. L'idéal est de le faire avant de quitter le bureau, car vous êtes encore dans le feu de l'action. De plus, il est plus facile de planifier des tâches difficiles lorsque vous savez qu'elles ne seront pas exécutées immédiatement, ce qui évite les débats internes avec votre esprit qui vous décourage de les faire. Cette approche est particulièrement bénéfique pour les personnes enclines à la procrastination, car elle permet de contourner les résistances mentales.

Avec cette liste en main, vous pouvez commencer à travailler dès votre arrivée au bureau, car elle vous indique clairement les tâches prioritaires. Vous n'avez pas besoin de prendre de décisions supplémentaires, car vous les avez déjà prises à l'avance. Cela vous permet de gagner du temps et d'éviter les hésitations, vous permettant ainsi de vous concentrer immédiatement sur les actions à entreprendre.

Parfois, même les tâches les plus simples, comme passer un appel téléphonique ou effectuer une recherche rapide sur internet, peuvent sembler insurmontables. Assurez-vous de disposer de suffisamment de temps pour accomplir ces tâches. Essayez de les planifier aux moments où vous avez le plus d'énergie et où votre esprit est le plus alerte. Bien qu'il ne soit pas toujours possible d'utiliser ces périodes idéales, vous pouvez commencer à les protéger en programmant vos réunions à d'autres moments de la journée. Cela vous permettra de préserver des plages horaires propices à la réalisation de tâches importantes et de vous assurer que vous êtes dans les meilleures conditions pour les accomplir.

À la fin de chaque journée, évaluez ce que vous avez accompli. Cette opération ne devrait prendre que quelques minutes si vous l'organisez correctement. Les personnes très performantes examinent régulièrement leurs progrès pour s'assurer qu'elles progressent. Vous ne pouvez pas vous améliorer si vous ne mesurez pas vos résultats.

Divers indicateurs clés de performance peuvent être établis pour suivre votre progression, certains étant des résultats directs tandis que d'autres sont plus indirects. Prenons l'exemple d'un représentant. Bien que le chiffre de ses ventes soit un indicateur couramment utilisé, il n'est pas entièrement sous son contrôle. Des facteurs externes tels que l'humeur des clients, la qualité des produits et les prix peuvent tous avoir une incidence sur les ventes. Elles sont donc un résultat indirect des efforts du représentant.

Un indicateur direct des performances est en lien avec ses actions. Par exemple, combien d'appels de prospection ont été effectués chaque semaine ? Les indicateurs directs sont sous le contrôle du représentant, tandis que ceux qui sont indirects dépendent de la façon dont les autres réagissent à ses actions.

Dans le cas d'un auteur, les données relatives aux ventes de livres sont un indicateur indirect de son travail, tandis que le nombre de mots écrits est un indicateur direct. En effet, l'auteur contrôle la quantité de mots écrits et publiés et peut prendre des mesures pour l'augmenter. En revanche, les données relatives aux ventes ne sont pas entièrement sous le contrôle de l'auteur, même si elles sont influencées par ses actions.

Pour réussir dans n'importe quel domaine, il est essentiel de se concentrer à la fois sur la qualité et la quantité des produits ou des efforts fournis. Il convient toutefois de noter que l'augmentation de la quantité peut également contribuer à améliorer la qualité, car la pratique et la répétition aident les individus à atteindre l'excellence.

À titre d'illustration, un représentant qui effectue de nombreux appels de prospection chaque semaine, même s'il a initialement du mal à communiquer la valeur du produit, développera ses compétences avec l'expérience. Avec le temps, il deviendra plus confiant et plus efficace dans sa communication, ce qui se traduira en fin de compte par un plus grand nombre de ventes.

De même, pour un auteur, il n'est pas garanti que la publication de plus de livres entrainera une augmentation des royautés. Toutefois, en écrivant davantage, il peut améliorer son art et perfectionner ses compétences en narration. Cette montée en expertise lui permettra de créer des histoires plus captivantes et attrayantes, qui pourront potentiellement intéresser un public plus large.

En conclusion, en investissant du temps et des efforts dans notre production de résultats directs chaque jour, nous augmentons la probabilité d'atteindre nos objectifs. En nous efforçant de produire une plus grande quantité et qualité d'actions clés, nous deviendrons inévitablement plus compétents et performants dans nos domaines respectifs. En fin de compte, notre engagement à pratiquer et à nous améliorer constamment est la clé pour atteindre notre plein potentiel.

Chapitre 6 — Oubliez la perfection

Il est temps d'abandonner les attentes irréalistes envers nous-mêmes et de revoir nos exigences à la baisse. La pression constante d'être parfait peut devenir écrasante et épuisante, alors une pause sera la bienvenue. Nous devons nous rappeler que nos vies ne sont pas des fils Instagram et que nous n'avons pas besoin de correspondre à des normes sociales démesurées, souvent inventées de toutes pièces. Laissez tomber l'illusion d'avoir une maison parfaitement rangée en permanence, des cheveux toujours bien mis, des vêtements à la dernière mode.

Commencez par prendre soin de vous. Toutes les tâches ne méritent pas d'être accomplies à la perfection, et il n'y a pas de mal à simplifier les choses. Prenons l'exemple de la fête d'anniversaire d'un enfant. Avez-vous vraiment besoin d'inviter quinze amis pour que votre fils soit heureux ? La décoration doit-elle être très recherchée et comporter plusieurs accessoires ? Qui voulez-vous impressionner avec des invitations à thématique, des menus élaborés, des sculptures de glace, des mascottes et des lectures de tarot ? Privilégiez un évènement plus simple. En adoptant cette approche, vous ferez des économies, réduirez le stress, préserverez l'environnement et votre enfant appréciera autant son anniversaire. La joie qui brille dans ses yeux est l'essence même de la célébration, alors ignorons la pression sociale.

Pour ceux d'entre nous qui ont du mal à garder une maison bien rangée, il existe quelques astuces que nous pouvons utiliser. Par exemple, lorsque nous plions les vêtements, nous n'avons pas besoin de plier nos sous-vêtements. Nous pouvons simplement les ranger dans un panier dans notre tiroir. En utilisant au maximum le lave-vaisselle, nous pouvons nettoyer la vaisselle à la main seulement une fois par semaine pour les quelques objets trop fragiles. Ces pratiques peuvent sembler honteuses, mais il n'y a pas de mal à les garder pour soi et à ne pas s'inquiéter de ce que les autres peuvent penser. Ce sera notre secret.

Vous pouvez également renoncer à repasser ou à acheter des vêtements compliqués qui doivent être nettoyés à sec. Simplifiez votre routine de maquillage ou supprimez-la complètement. Vous pourrez ainsi consacrer davantage de temps à vos priorités, à votre impact.

En abandonnant la quête de la perfection et en nous libérant des exigences irréalistes, nous pouvons libérer plus de temps et d'énergie pour poursuivre nos passions et investir dans des projets qui nous apportent joie et épanouissement. Dites adieu au perfectionnisme et accueillez un mode de vie plus détendu.

Quels sont les domaines dans lesquels vous pourriez faire réduire vos attentes ?

Chapitre 7 — Automatisez les tâches

P ourquoi perdre votre temps à effectuer des tâches qu'un programme informatique peut facilement prendre en charge ? L'automatisation peut vous faire épargner bien des efforts tout en réduisant le risque d'erreur humaine et en garantissant précision et cohérence. En outre, cette stratégie peut vous aider à réaliser votre travail plus efficacement, ce qui vous permet de vous concentrer sur des actions plus créatives et à plus grande valeur ajoutée.

Pour commencer à automatiser, soyez imaginatif. Passez en revue vos tâches régulières et identifiez celles qui sont répétitives ou chronophages. Explorez de nouveaux outils et processus pour trouver des méthodes plus efficaces d'accomplir votre travail et supprimez sans remords les actions qui n'apportent pas de valeur ajoutée.

Par exemple, si vous vous retrouvez constamment à répondre aux mêmes questions, la création d'une page web explicative peut vous faire gagner un temps précieux. Cela s'avère particulièrement bénéfique si vous êtes à la tête d'une entreprise ou si vous possédez un site web qui reçoit de nombreuses demandes d'informations de la part de clients, collègues ou partenaires. Une page de FAQ devient alors une ressource précieuse pour votre clientèle, qui peut y trouver les réponses à leurs questions les plus courantes sans avoir à vous contacter directement. Cette approche offre un gain de temps aussi bien pour eux que pour vous.

Pour répondre rapidement aux courriels, rédigez des modèles à copier-coller. Commencez par identifier les questions ou demandes les plus fréquentes, puis écrivez une réponse que vous conserverez dans un document rapidement accessible. Créez autant de modèles que nécessaire. En utilisant ces textes, vous pourrez répondre plus rapidement tout en veillant à fournir des informations uniformes et précises. Cette méthode vous permettra de gagner du temps et d'accroitre votre efficacité dans la gestion de vos courriers électroniques.

Dans le cadre de l'un de mes emplois, je recevais souvent des demandes concernant les mêmes fichiers. Afin d'optimiser mon temps et mon énergie, j'ai créé un dossier spécifique sur mon bureau dédié à ces fichiers. D'un simple clic, je pouvais rapidement joindre l'un de ces documents à un courriel, sans avoir à effectuer une recherche approfondie dans les fichiers corporatifs. Il ne s'agit pas d'automatisation à proprement parler, mais cela montre qu'il est possible de simplifier les processus récurrents. Ce n'est qu'un exemple de la manière dont vous pouvez rationaliser votre travail.

Lorsque vous devez fournir des rapports chiffrés, concevez des feuilles de calcul Excel qui peuvent être mis à jour en quelques minutes. Vos collègues seront étonnés de la rapidité avec laquelle vous pouvez fournir ces informations semaine après semaine.

Lorsque vous recueillez des données, vous pouvez utiliser des outils tels que Google Forms ou Survey Monkey. Ces applications produisent automatiquement les tableaux et diagrammes circulaires à partir des réponses reçues, en temps réel. Si la clientèle cible a besoin d'aide pour les compléter, vous pouvez leur poser les questions par téléphone et remplir le formulaire en ligne en vous basant sur les informations reçues. À la fin, vous obtenez de belles données bien organisées.

Vous pouvez également automatiser la prise de décisions. La fatigue face aux décisions peut vous empêcher d'agir, alors réduisez le nombre de choix que vous devez faire dans une journée. Certaines tâches sont récurrentes dans mon calendrier, de sorte que je n'ai pas besoin de décider quand les effectuer. Je sais que je m'entraine à l'heure du repas. Je sais que je lance une copie de sauvegarde une fois par mois (quoique ce serait une tâche intéressante à automatiser). Il n'y a pas de décisions à prendre. Quelles sont les tâches qui reviennent régulièrement dans votre emploi du temps quotidien ou hebdomadaire ?

La planification des repas est un autre domaine où l'automatisation peut être utile. Certaines personnes mangent le même menu tous les lundis, tandis que d'autres commandent des repas préparés à des services d'abonnement.

Voici un conseil pour remplir le lave-vaisselle : triez les petites et grandes assiettes. Cela ne prend pas plus de temps, mais lorsque vous videz le lave-vaisselle, vous pouvez facilement attraper jusqu'à quatre assiettes d'une seule main et les ranger dans l'armoire. Vous pouvez accomplir cette tâche en quelques minutes le matin pendant que votre pain grille. Et surtout, personne n'aura d'excuses pour laisser de la vaisselle sur le comptoir, car le lave-vaisselle sera vide.

L'automatisation des paiements et de l'épargne est un moyen simple et efficace d'automatiser une partie de la gestion de vos finances. De nombreuses entreprises proposent la fonctionnalité de prélèvement automatique sur votre carte de crédit. Cependant, il est important de procéder à une vérification rapide afin d'éviter les erreurs ou les frais non autorisés. Personnellement, je passe en revue mes transactions financières une fois par mois en y consacrant environ cinq minutes. De plus, programmer des virements automatiques vers vos comptes d'épargne est une autre méthode pratique pour gérer votre argent. Il suffit de le configurer et de l'oublier !

Finalement, nous pouvons remplir à l'avance les informations récurrentes dans les formulaires, simplifier des processus de travail en supprimant les redondances, standardiser des tâches répétitives et suggérer des améliorations. Bien que l'automatisation puisse nécessiter un certain effort au départ, elle nous permet d'économiser du temps et de l'énergie à long terme.

Dans l'ensemble, l'automatisation des responsabilités et des décisions est une méthode astucieuse pour optimiser votre flux de travail, améliorer votre productivité et régler plus de tâches en moins de temps.

Chapitre 8 — Gérez vos niveaux d'énergie

Avez-vous remarqué que votre niveau d'énergie peut varier au cours de la journée, de la semaine et même de l'année ? Il est essentiel d'identifier vos plages horaires les plus productives et de les utiliser à bon escient. Êtes-vous une personne matinale ou vous sentez-vous plus énergique le soir quand les enfants dorment ? Êtes-vous léthargique l'après-midi ? En prenant conscience des variations de votre niveau d'énergie, vous pouvez remarquer des tendances et planifier en conséquence.

J'ai appris à connaitre les moments où j'ai le plus d'énergie et ceux où j'en ai le moins. Par conséquent, lorsque je planifie mes activités, je tiens compte de ce facteur. Par exemple, j'ai constaté que le lundi est mon jour le plus productif. Après un weekend de repos, je me sens résolue à réussir la nouvelle semaine. Ainsi, je planifie les activités qui requièrent le plus de concentration, de détermination ou de stratégie, comme passer des appels téléphoniques importants, écrire du contenu ou réparer quelque chose dans la maison. Le lundi, je me sens souvent inarrêtable, rayant les tâches de ma liste à faire à la vitesse de l'éclair. Il m'arrive régulièrement de régler tous les points prioritaires de la semaine cette journée-là.

Le samedi, je donne la priorité au ménage et à la cuisine. Il n'est pas rare que le lave-vaisselle, le lave-linge et le sèche-linge fonctionnent au moment même où mes enfants mangent leur petit-déjeuner.

En général, mon cerveau est le plus alerte le matin et son activité diminue progressivement au fil de la journée. Cependant, j'ai constaté que mon énergie revient vers vingt-et-une heures. Si j'ai des tâches urgentes à accomplir, j'en profite pour les réaliser pendant cette période. Par exemple, je consacre ce temps à mes études universitaires ou à l'écriture.

Bien que j'aie été un oiseau de nuit au début de l'âge adulte, ma routine a changé en raison des enfants et du travail, et j'ai adapté mon mode de vie en conséquence. Comme je devais me lever plus tôt, je n'ai pas eu d'autre choix que de me coucher plus tôt aussi. J'ai décidé de tirer le meilleur parti de ces obligations. À un moment donné, je faisais de l'exercice le matin avant le travail, mais depuis que je travaille à domicile, j'ai ajusté ma routine et je m'entraine pendant ma pause repas. Il est important de s'adapter aux changements de vie.

Dès maintenant, prenez le temps d'identifier les moments de la journée et de la semaine où vous avez le plus d'énergie, et assurez-vous de planifier vos activités critiques pendant ces périodes où vous vous sentez le plus productif.

Chapitre 9 — Rédigez des listes

Réfléchir à votre projet et prendre le temps de le mettre un plan par écrit est l'une des clés du succès. Cela vous permettra d'aborder chaque projet avec confiance et clarté, car lorsque vous établissez une liste, vous prenez des décisions sur ce qui doit être fait. En le faisant à l'avance, vous éviterez de perdre du temps pendant votre travail à vous demander quelle sera la prochaine étape.

Bien que plusieurs personnes croient que leur cerveau est capable de retenir une multitude de listes, il ne fonctionnera pas de manière optimale s'il est encombré. Ne gênez pas votre précieuse matière grise avec des listes de tâches, des listes d'épicerie et des projets qui peuvent vous distraire à tout moment de la journée. Au lieu de cela, libérez votre esprit en écrivant ces idées dans un système fiable.

Dans un logiciel ou un carnet, commencez par dresser la liste de vos projets en cours. Déterminez ensuite quelles sont les prochaines étapes à réaliser. Il peut s'agir d'une seule tâche ou de plusieurs. Prenons l'exemple de la rénovation d'une salle de bains. Par où commencer ? Les premières actions pourraient consister à rechercher des designers intérieurs locaux, à en sélectionner un, à l'appeler pour prendre rendez-vous et à se rendre à ce rendez-vous. Une fois ces tâches accomplies, vous serez en mesure de déterminer les prochaines étapes de la rénovation.

Dressez une liste d'activités précises et faciles à exécuter. Par exemple, rénover une salle de bains peut paraitre insurmontable, mais prendre un rendez-vous est simple. Vous serez plus enclin à faire les choses si elles vous semblent faciles. Ainsi, vous incitez votre cerveau à passer à l'action et vous évitez la procrastination.

De plus, en divisant les grands projets en tâches courtes, vous pouvez tirer avantage de petits créneaux horaires. Par exemple, si vous savez que la rédaction d'un courriel est la prochaine étape, vous pouvez en envoyer trois pendant que vous attendez votre tour à la clinique médicale. Il y a une foule de petits moments disponibles que vous pouvez saisir tout au long de la journée — pendant votre pause au travail, le diner ou la sieste des enfants.

Une fois que vous avez établi votre liste, intégrez les éléments dans votre calendrier et engagez-vous à suivre votre plan avec discipline. J'ai constaté que si j'inscris une tâche à mon agenda, je suis plus encline à la réaliser, peu importe si j'en ai envie ou non. Même si vous ne savez pas exactement combien de temps prendra chaque étape, estimez au mieux. Fixez-vous un délai réaliste mais non négociable, engagez-vous à terminer dans le temps imparti et votre esprit se concentrera pleinement sur chaque tâche, tel un laser.

Vous connaissez peut-être la loi de Parkinson, qui stipule que « le travail se développe de manière à remplir le temps disponible pour son achèvement ». Si vous vous laissez deux semaines pour rédiger un article de blogue, vous serez tenté d'attendre la dernière heure pour commencer à travailler. Au lieu de cela, programmez une heure dans votre agenda dès maintenant, et vous éviterez de vous tourmenter sur ce billet pendant deux semaines.

Auparavant, au travail, j'organisais ma liste tâce projets en écrivant son nom au stylo, puis je listais sur la même ligne toutes les prochaines étapes auxquelles je pouvais penser. Je les classais ensuite par ordre de priorité en attribuant un numéro à chacun. Lorsque je confiais le projet à quelqu'un d'autre, il disparaissait de mes priorités jusqu'à ce qu'il me revienne. Je rayais les éléments au fur et à mesure que je les achevais et je mettais la liste à jour au fur et à mesure.

Cependant, ma situation professionnelle a changé. Je me réserve désormais un peu de temps le lundi pour écrire toutes les tâches que je veux accomplir au cours de la semaine et les ajouter à mon calendrier. Lorsque je manque de motivation, je peux consulter mon agenda et me forcer à m'attaquer à ce qui a déjà été programmé.

Ces deux méthodes m'ont bien servi. Le plus important est d'avoir un objectif à l'esprit afin de déterminer les étapes à suivre. Les actions énumérées doivent être précises. Lorsque vous lisez une ligne, vous devez savoir exactement quel geste poser :

- Appeler Jean pour donner suite à la proposition.
- Trouver trois fournisseurs de boites en carton et les contacter pour obtenir des devis.
- Rédiger 250 mots pour le bulletin d'information.

Soyez concret. « Obtenir des ventes » serait un objectif trop vague. Vous pourriez plutôt écrire : « Appeler trois clients potentiels ».

Dans l'ensemble, la gestion efficace de listes de tâches, qu'elles soient physiques ou virtuelles, peut grandement améliorer votre productivité et vous assurer que vous êtes toujours au bon endroit au bon moment.

Chapitre 10 — Combinez

Même les plus productifs d'entre nous ont des tâches qu'ils préfèreraient éviter, mais qu'ils doivent tout de même accomplir. Qu'il s'agisse de passer des appels téléphoniques ou de faire des courses, ces activités peuvent être chronophages et stressantes, surtout lorsqu'elles s'ajoutent à un emploi du temps déjà chargé. Heureusement, il existe une solution pour atténuer cet inconvénient, qui consiste à regrouper les tâches similaires. Examinons de plus près ce concept.

L'avantage le plus évident de la consolidation de tâches est son efficacité. Lorsque vous regroupez des activités similaires, vous n'avez pas à passer d'une tâche à l'autre au cours de la journée, ce qui vous aide à rester concentré. En plus, cette méthode vous fait gagner du temps — du temps qui pourrait être utilisé ailleurs. En outre, le regroupement facilite l'organisation. Je vous en partage quelques possibilités.

Si, comme moi, vous redoutez de passer des appels pour prendre des rendez-vous ou faire le suivi des clients, envisagez la possibilité de les effectuer en séries. En d'autres termes, au lieu de passer des appels tout au long de la semaine, prévoyez un créneau spécifique dans votre calendrier pour regrouper tous vos appels téléphoniques en une seule séance. Cela vous permettra non seulement de gagner du temps, mais aussi de réduire le nombre de fois où vous éprouvez de l'anxiété à l'idée de parler au téléphone.

Un autre conseil utile en matière de consolidation consiste à créer des listes détaillées pour chaque type de commission. Pour y parvenir de manière optimale, établissez un système pour consigner immédiatement tout ce dont vous avez besoin dès que cela vous vient à l'esprit. Pour ma part, lorsque je remarque que nous avons besoin de plus d'œufs, je l'ajoute immédiatement à la liste d'épicerie. J'utilise l'application Google Keep pour partager mes listes avec mon conjoint, ce qui facilite l'exactitude et la coordination des courses. Ainsi, vous ne dépendrez pas de votre mémoire et vous éviterez les déplacements inutiles ou les achats en double.

En plus de regrouper les courses, j'essaie de les faire coïncider avec d'autres activités. Par exemple, si je rends visite à un ami, je peux aller chercher quelques articles à la pharmacie en chemin. En la tenant à jour mes listes d'achats sur l'application, je suis sûr de ne rien oublier.

Un autre moyen de gagner du temps est de commander en ligne, ce qui est particulièrement utile pour les articles que vous utilisez régulièrement ou qui sont difficiles à trouver en magasin.

En planifiant et en modifiant légèrement votre routine, vous pouvez faire en sorte que tout se passe bien et éviter le stress inutile. Trouvez de nouvelles façons de regrouper vos tâches pour optimiser votre journée. Vous serez peut-être agréablement surpris de constater à quel point la vie devient plus facile.

Chapitre 11 — Planifiez des périodes de concentration

La gestion de plusieurs projets simultanément peut s'avérer complexe et être une source de distraction. Pour optimiser votre productivité, il est essentiel de vous concentrer sur un seul projet à la fois. Terminez autant de tâches que possible dans ce projet avant de passer au suivant. Même si vous avez plusieurs tâches en cours, un flux de travail bien organisé peut vous aider à maintenir le cap et à éviter les égarements. En vous concentrant sur un projet à la fois, vous pourrez accorder toute votre attention et votre énergie à chaque tâche, ce qui favorisera un travail de qualité et une progression efficace. Cette approche vous permettra de rester concentré, de gérer efficacement vos projets et de maintenir une cadence de travail productive.

L'un des moyens d'y parvenir est de réserver des plages de travail au cours desquelles vous ne serez pas interrompu. Décomposez les projets importants en étapes gérables, puis réservez un bloc de temps pour chacune d'entre elles. Comme mentionné précédemment, lorsque vous planifiez vos activités, tenez compte de leur importance et de leur urgence, ainsi que de votre niveau d'énergie. Si vous savez que vous êtes plus motivé le matin, placez les tâches les plus difficiles à ce moment et gardez les plus faciles pour l'après-midi. La clé pour maximiser votre temps de concentration est de planifier.

Bien entendu, il est également important de faire preuve de souplesse et de procéder à des ajustements si nécessaire. Si quelqu'un attend une réponse de votre part, réservez du temps pour assurer le suivi ou encore mieux, répondez immédiatement. Veillez simplement à fixer des limites et à ne pas laisser les autres prendre le contrôle de votre planification ou empiéter sur vos priorités.

D'après mon expérience au sein d'une grande entreprise, il est courant que la contribution de collègues soit nécessaire pour avancer dans un projet. Il peut s'agir d'obtenir des approbations, de consulter des fournisseurs, de demander des données à des collaborateurs ou d'attendre les commentaires d'un comité. Ce que je préfère, c'est de m'assurer que le travail que j'ai à faire reste le moins longtemps possible sur mon bureau. J'accomplis ma part de travail promptement afin de la transférer rapidement à mon superviseur ou à un autre service. Ainsi, mon bureau n'est pas encombré et je peux me concentrer sur de nouveaux projets qui attendent mon attention.

Lors des réunions, il est préférable de se concentrer pleinement sur les échanges en évitant de diviser son attention en consultant votre téléphone. Non seulement cela se révèle inefficace, mais cela est également perçu comme une forme d'impolitesse. Profitez plutôt de ces occasions pour contribuer activement aux efforts de l'équipe. En vous investissant pleinement, vous favorisez une collaboration harmonieuse et productive. Dans la mesure du possible, privilégiez les réunions en ligne, car elles permettent de gagner du temps.

Réserver des périodes de concentration constitue un élément crucial dans la gestion simultanée de plusieurs projets et l'exécution efficace de toutes les tâches. Pour ma part, cette planification joue un rôle clé dans ma journée, me permettant de poursuivre bon nombre de mes rêves. Je vous encourage à l'essayer vous aussi !

Chapitre 12 — Gérez les distractions

Nous sommes tous passés par là : assis à notre bureau, déterminés à nous concentrer et à accomplir notre travail, nous sommes distraits par un collègue qui veut partager les derniers potins. Bien qu'il soit important de bavarder avec ses collaborateurs pour nouer des relations et renforcer son influence, il est essentiel de trouver un équilibre entre la socialisation et le travail. Le réseautage peut vous aider à progresser dans le monde corporatif, mais ne perdez pas toute votre journée à bavarder. En outre, si vous êtes constamment abordé par des collègues qui ont besoin de se défouler ou de parler de manière excessive, il est important de fixer des limites et d'être stratégique dans vos interactions. Si vous êtes retenu par une personne particulièrement bavarde, levez-vous et accompagnez-le vers son poste de travail avec lui tout en discutant. Puis, quittez les lieux gracieusement lorsque vous atteignez son bureau.

Apprenez des techniques subtiles pour conclure de manière élégante les conversations téléphoniques qui s'étirent. Vous pouvez utiliser une excuse polie comme : « Je suis désolé, mais j'ai un autre engagement imminent que je ne peux pas manquer. Je dois donc vous laisser maintenant. C'était un plaisir de discuter avec vous. » Une autre option est d'orienter la conversation vers une conclusion naturelle, en disant par exemple : « J'ai tous les éléments dont j'avais besoin. Merci beaucoup pour votre temps. »

Vous devez également savoir dire non aux demandes qui ne s'alignent pas avec votre vision. Lorsque vous déclinez poliment une offre ou une invitation d'un collègue ou d'un client, expliquez pourquoi cette offre ne correspond pas à votre plan et allez de l'avant ou même refusez sans vous justifier. Soyez simplement honnête et direct sur ce qui vous convient le mieux, sans craindre la réaction de votre interlocuteur.

Si vous êtes constamment distrait par des notifications, il peut être utile de les désactiver ou même de restreindre votre accès à internet. L'élimination de ces distractions peut vous aider à préserver votre concentration. Pour rester motivé pendant les tâches fastidieuses, récompensez-vous avec quelque chose d'agréable après un certain temps. Par exemple, vous pourriez vous accorder quinze minutes de médias sociaux ou de marche après avoir terminé quarante-cinq minutes de travail. Expérimentez différents ratios de temps pour trouver ce qui vous convient le mieux, mais veillez à respecter la période de récompense qui vous est allouée. En plus de vous aider à terminer votre travail, des pauses régulières gardent votre esprit alerte.

Gérer les distractions demande de la pratique et de la discipline, mais avec ces stratégies en tête, il devrait être plus facile de rester concentré et productif tout au long de la journée.

Chapitre 13 — Passez à l'action

Nous perdons un temps précieux simplement parce que nous n'arrivons pas à passer à l'action. La procrastination découle souvent de l'incertitude quant à la marche à suivre, ce qui peut être paralysant. Mais pourquoi devrions-nous la laisser gouverner notre vie alors que nous pourrions nous réaliser pleinement ? Bien qu'il puisse sembler plus facile de rester là où l'on est plutôt que de s'aventurer en territoire inconnu, si l'on veut réaliser nos objectifs, il faut sortir de cet état d'indécision.

La première étape pour vaincre la procrastination consiste à prendre le contrôle de votre liste de projets. Déterminez les éléments que vous pouvez traiter sans attendre. Si certaines tâches requièrent l'intervention de collaborateurs, pourquoi ne pas faire un suivi auprès d'eux ? Ainsi, vous ne serez pas à la merci de la procrastination de quelqu'un d'autre.

Si vous vous sentez bloqué, demandez à votre superviseur de vous éclairer, faites une recherche sur Google pour trouver des instructions ou recherchez l'aide de collègues qui pourraient avoir l'expertise ou l'expérience nécessaire. Ne vous laissez pas intimider. Divisez chaque tâche en petites étapes gérables et commencez à travailler sur un élément à la fois. Vous avez en vous toutes les ressources nécessaires, alors faites preuve de débrouillardise et d'inventivité.

Lancez-vous le défi de vous attaquer aux tâches qui vous intimident, même si elles vous semblent trop difficiles ou compliquées. Débarrassez-vous-en et vous éprouverez un grand sentiment de satisfaction (et de soulagement). Commencer est souvent la partie la plus difficile, mais à mesure que vous avancez, une tâche devient de plus en plus facile jusqu'à devenir agréable parfois.

N'hésitez pas à demander de l'aide. Peu importe l'activité à réaliser, osez demander. Le pire qui puisse arriver est de se voir opposer une fin de non-recevoir. Si le refus peut être décourageant au début, il devient plus facile à gérer chaque fois, et les victoires que vous remportez en valent la peine.

Plutôt que d'attendre l'occasion idéale pour travailler sur un projet, saisissez chaque instant disponible, même s'il est de courte durée. Nous commettons souvent l'erreur d'attendre un long créneau ininterrompu pour être productifs, mais cela n'est pas toujours réalisable. Attendre que les conditions optimales se présentent peut conduire à la procrastination. En agissant ainsi, nous passons à côté de l'opportunité de faire de petits pas qui, à la longue, s'accumulent.

Ainsi, utilisez n'importe quel petit temps libre, même s'il ne s'agit que de dix minutes entre deux réunions, pour examiner un rapport, répondre à des courriels ou passer un appel rapide. Vous pouvez faire plus que vous ne le pensez avec ces quelques minutes.

Aussi, n'ayez pas peur de vous attaquer aux tâches les plus difficiles — en fait, faites-en une priorité. Ne redoutez pas l'échec, car il fait naturellement partie du chemin vers le succès. Si vous ne commettez pas d'erreurs, c'est que vous ne prenez pas suffisamment de risques.

Plutôt que de nous préoccuper de l'inconnu, nous avons le pouvoir de surmonter nos peurs et de prendre le contrôle de notre destin. Chacun d'entre nous possède un potentiel illimité qui ne demande qu'à être exploité. En passant à l'action avec détermination, nous progressons vers nos objectifs et nous ressentons la fierté d'aller de l'avant. Vous pouvez surmonter le sentiment d'être débordé et agir positivement pour atteindre vos objectifs.

N'attendez plus, faites ce que vous savez devoir faire !

Chapitre 14 — Organisez votre espace

L'organisation de votre espace de travail est cruciale pour plusieurs raisons. Tout d'abord, un bureau chaotique peut vous distraire et vous empêcher de vous concentrer sur vos tâches, ce qui entraine une baisse de productivité, alors qu'un environnement propre et bien rangé vous permet de travailler plus efficacement.

Deuxièmement, dans un espace de travail bien organisé, vous trouvez facilement les outils et les matériaux dont vous avez besoin, ce qui vous fait gagner du temps et réduit la frustration liée à la recherche d'objets. Rien de pire pour la productivité que de chercher frénétiquement notre carte de crédit, notre pinceau préfère ou l'arrosoir.

Troisièmement, un espace de travail désorganisé peut être visuellement accablant et limiter votre capacité à générer des idées novatrices. En revanche, un environnement de travail organisé peut libérer votre esprit et stimuler votre créativité en créant une atmosphère plus détendue et inspirante.

Enfin, il est important de souligner que le désordre peut engendrer du stress et vous donner l'impression d'être submergé. En organisant votre espace, vous pouvez créer un environnement plus calme et apaisant, ce qui contribue à améliorer votre bienêtre général et vous aide à accomplir davantage de tâches. Un bureau ordonné est non seulement plus accueillant, mais il vous incite également à vous y installer et à vous mettre au travail avec plaisir.

L'organisation d'un bureau est donc essentielle à la productivité et à l'efficacité. Mais comment y parvenir ? Plusieurs mesures peuvent être prises pour créer un espace de travail plus structuré.

Tout d'abord, identifiez les outils, le matériel et l'équipement dont vous avez besoin pour travailler efficacement. Gardez ce que vous utilisez quotidiennement à portée de main et rangez le reste dans des tiroirs ou d'autres endroits prévus à cet effet. Débarrassez-vous des objets dont vous avez rarement besoin. Évitez de surcharger votre espace de travail avec des fournitures de bureau inutiles et ne gardez que l'essentiel. Si vous avez quinze stylos, vous devez chercher chaque fois celui que vous préférez. Ne gardez que celui-ci et un autre de rechange. Ainsi, vous trouverez rapidement ce dont vous avez besoin.

De plus, prenez quelques minutes à la fin de chaque journée pour organiser les objets dont vous n'avez plus besoin. Prenez le temps d'essuyer régulièrement les surfaces, de jeter les déchets et de remettre les outils et le matériel à leur place. Commencer la journée avec un bureau bien rangé peut vous mettre dans de bonnes dispositions.

Créez un espace de travail ergonomique afin de prévenir les blessures et préserver votre santé physique. Réglez votre chaise, votre clavier et votre écran en fonction de vos besoins. Si vous êtes droitier, répondez au téléphone de la main gauche et prenez des notes avec la droite.

Évitez autant que possible d'imprimer des documents. Conservez vos fichiers sur votre ordinateur et créez des raccourcis vers les dossiers fréquemment consultés. Développez un système de dénomination et de classement facile et intuitif et utilisez la fonction de recherche comme moyen de secours pour retrouver des documents. Le meilleur système doit être si évident que toute personne qui vous remplace le comprendra rapidement. Si vous devez signer des documents, la version gratuite d'Adobe Acrobat vous permet de le faire électroniquement sans avoir à imprimer.

Enfin, veillez à mettre en place un système de sauvegarde pour protéger votre travail. Ajoutez cette tâche récurrente à votre liste et sauvegardez régulièrement vos fichiers pour vous assurer de ne jamais perdre de données importantes ou, mieux encore, faites-le automatiquement.

Si vous avez la chance d'avoir assez d'espace, aménagez un endroit dédié à vos passetemps. Par exemple, j'ai installé chez moi un petit atelier d'art où je peins. Lorsque je me sens créative, je ne perds pas de temps à fouiller dans un placard encombré pour trouver mes peintures. Tout est installé dans mon espace de travail. Je peux commencer sans perdre mon impulsion de créativité. De plus, je n'ai pas besoin de tout ranger dans le fond d'un placard lorsque j'ai terminé, seulement replacer mes outils.

En appliquant ces conseils et en créant un espace de travail organisé, vous gagnerez du temps et de l'énergie, ce qui vous permettra d'accroitre votre productivité et d'obtenir de meilleurs résultats.

Chapitre 15 — Utilisez le pilote automatique

La fonction de pilotage automatique de notre cerveau est une capacité incroyable que nous pouvons exploiter pour améliorer notre productivité et standardiser notre travail. En comprenant son fonctionnement, nous pouvons utiliser ce penchant naturel à notre avantage.

L'un des moyens d'y parvenir est d'effectuer certaines tâches fréquemment. Grâce au processus de répétition, le cerveau construit un chemin qui facilite l'accomplissement de cette tâche à l'avenir. Par exemple, si vous voulez commencer à vous rendre à la salle de sport plutôt que de rentrer chez vous après le travail, vous pouvez créer une habitude en suivant ce détour à plusieurs reprises. Au fil du temps, cette nouvelle voie devient plus forte et mieux ancrée, ce qui vous permet de vous diriger plus naturellement à la salle de sport.

Une autre façon d'utiliser la fonction de pilotage automatique consiste à prendre conscience de nos habitudes et de nos schémas actuels. Une fois que nous reconnaissons les actions que nous effectuons quotidiennement sans même y penser, nous pouvons y associer un nouveau comportement que nous souhaitons adopter, afin de créer de nouvelles connexions neuronales. Par exemple, si j'ai l'habitude de me brosser les dents tous les matins, je peux placer ma crème solaire à côté de ma brosse à dents pour me rappeler de l'appliquer également. Nous pouvons intentionnellement construire une habitude grâce à l'association et la répétition.

Une autre façon d'utiliser la fonction de pilotage automatique consiste à créer un système de rappels et d'indices qui déclenchent des actions spécifiques. Par exemple, si nous voulons commencer à boire plus d'eau tout au long de la journée, l'indice peut être une alerte sur notre téléphone ou une note autocollante. Cet indice peut déclencher notre fonction de pilotage automatique pour nous rappeler régulièrement l'action à poser.

L'un des avantages les plus significatifs de l'utilisation de la fonction de pilotage automatique est qu'elle dégage de l'espace mental pour des responsabilités plus importantes. Lorsque nous pouvons effectuer des tâches routinières automatiquement, nous n'avons pas besoin d'y consacrer autant d'attention, ce qui nous libère pour nous concentrer sur des activités plus complexes ou plus créatives. Nous pouvons ainsi augmenter notre productivité et améliorer nos capacités à résoudre des problèmes.

En outre, nous pouvons utiliser cet avantage en pratiquant la pleine conscience et la méditation. En entrainant le cerveau à être plus présent dans l'instant, nous pouvons améliorer notre capacité à rester concentrés et attentifs.

Si la fonction de pilotage automatique peut s'avérer extrêmement utile, il ne faut pas toujours s'y fier. Nous devons rester présents et conscients de notre environnement, en particulier lorsque nous effectuons des activités qui requièrent toute notre attention, comme la conduite ou l'utilisation d'équipement lourd.

Cette fonction du cerveau est phénoménale et il faut en tirer profit. En entrainant délibérément le cerveau, en étant attentifs à nos habitudes et à nos schémas, en créant des systèmes de rappels et d'indices et en pratiquant la pleine conscience et la méditation, nous pouvons utiliser le pilotage automatique à notre avantage.

Chapitre 16 — Persévérez

Fixer et atteindre des objectifs est un élément essentiel du développement personnel et professionnel. Cependant, de nombreuses personnes ont du mal à respecter leurs plans. Dès qu'un obstacle surgit, elles abandonnent. C'est là que la persévérance entre en jeu.

Pour atteindre nos objectifs, il est essentiel de persévérer face aux difficultés, de faire preuve de résilience et de rester déterminé dans la poursuite d'objectifs à long terme. La persévérance nous pousse à nous engager et à travailler quotidiennement, même lorsque nous sommes fatigués ou que nous n'avons pas l'envie. En y ajoutant une dose de constance, la persévérance est la clé du succès dans tous les aspects de la vie, que ce soit pour la santé et la condition physique, la carrière ou les objectifs personnels et familiaux.

L'une des méthodes pour avancer de manière constante consiste à diviser vos projets en tâches réalisables. Cela vous aidera à maintenir votre concentration et votre motivation. Vous pourrez ainsi suivre vos progrès et avoir une vision claire de votre avancement.

Par exemple, si votre objectif est d'écrire un roman, fixez-vous un objectif journalier, comme de rédiger deux-cents mots par jour. Cela peut sembler un avancement minime, mais ces mots finiront par s'accumuler. À la fin de l'année, vous aurez écrit 73 000 mots. C'est un roman !

Un autre moyen de maintenir la constance est de faciliter la reprise de votre travail. Par exemple, préparez votre sac de sport la veille et placez-le près de la porte, ainsi vous serez prêt à vous entrainer dès le réveil. Aménagez un espace dédié à vos travaux manuels, de sorte que vous puissiez commencer à créer dès que vous disposez d'un peu de temps libre. Notez clairement où vous en êtes dans la correction d'un document. En facilitant le démarrage, vous éliminez les excuses qui pourraient causer la procrastination.

Il peut également être utile d'établir des routines pour vous aider à rester en contrôle de vos responsabilités. Par exemple, j'ai pour habitude d'arroser mes plantes le samedi.

Certains gagnent à être accompagnés dans leurs objectifs. Trouvez un ami ou un membre de votre famille qui partage vos ambitions et prenez contact régulièrement pour vérifier vos avancées. Le fait d'avoir quelqu'un qui vous demande des comptes peut vous aider à rester motivé.

Persévérer n'est pas toujours facile, mais l'effort en vaut la peine. Des études démontrent que les individus qui agissent quotidiennement ont plus de chances d'atteindre leurs objectifs que ceux qui ne font que des efforts sporadiques. En maintenant une constance dans vos actions, vous créez un climat de confiance tant envers vous-même qu'envers les autres. Vous solidifiez votre fiabilité et votre capacité à suivre un plan établi.

Rappelez-vous qu'avec chaque étape franchie avec détermination et constance, nous nous rapprochons inexorablement de nos objectifs. N'oublions jamais le pouvoir de l'addition, car même les plus petits pas, lorsqu'ils sont répétés avec persévérance, peuvent mener à d'incroyables réalisations. Chaque petite réussite nous inspire à continuer et à croire en notre potentiel.

54

Chapitre 17 — Relevez le défi

Vous souvenez-vous de la loi de Parkinson discutée au chapitre 9 ? Elle nous enseigne que plus nous avons de temps disponible pour la réalisation d'une tâche, plus celle-ci prendra du temps. Il est temps de remettre en question vos croyances sur la durée nécessaire pour accomplir certaines tâches et d'adopter une approche innovante. Prenez le temps d'examiner vos processus actuels et faites preuve de créativité pour trouver des raccourcis et des méthodes plus efficaces, tout en maintenant une qualité élevée. Ne craignez pas de sortir des sentiers battus en trouvant des idées avec vos collègues et en testant différentes approches. Vous découvrirez ce qui fonctionne le mieux pour vous et votre équipe en explorant de nouvelles voies. Osez innover et repoussez les limites pour obtenir des résultats exceptionnels.

Ne faites pas semblant d'être occupé pour vous donner de l'importance. Non seulement c'est une perte de temps, mais cela n'apporte aucune valeur ajoutée au travail réel que vous devriez être en train d'effectuer. Demandez-vous si une activité est nécessaire ou s'il existe des moyens d'obtenir le même résultat plus rapidement. Si une tâche est optionnelle, ne l'effectuez pas. Cela vous permettra d'économiser de l'énergie pour des activités plus importantes. Hiérarchisez les tâches en fonction de leur valeur ajoutée. Évaluez honnêtement le travail et réfléchissez à la manière dont vous utilisez votre temps. Je me souviens d'une collègue qui s'essoufflait en courant dans tous les sens, pourtant elle produisait peu de résultats.

J'ai vu tant de rapport d'analyse débordant de données et de graphiques, alors que tout ce que le superviseur voulait était quelques indicateurs clés. Si personne ne s'intéresse à ses informations, pourquoi perdre du temps à les inclure ? Poser des questions est essentiel pour garantir une compréhension commune des attentes et, en fin de compte, éviter les précipitations de dernière minute dues à des malentendus.

Il arrive parfois qu'un gestionnaire ne soit pas certain de ce qu'il souhaite précisément avant d'avoir consulté un premier rapport. Cependant, il est important de ne pas supposer que toutes les suggestions que vous avez faites sont nécessaires. Il est essentiel de valider auprès du demandeur et des utilisateurs ce qui est réellement utile, et d'éliminer le reste. Gardez à l'esprit que les temps changent, les besoins évoluent et les employés peuvent être remplacés. Il est donc nécessaire de remettre régulièrement en question vos actions et de veiller à ce que chaque tâche que vous effectuez apporte une véritable valeur ajoutée. En adoptant cette approche, vous pouvez garantir que vous vous concentrez sur les activités les plus pertinentes et efficaces pour atteindre les objectifs fixés.

Se remettre en question lorsqu'il s'agit de gérer son temps est essentiel pour réussir dans toute profession ou tout projet. Tous ces efforts peuvent conduire à une meilleure productivité globale, alors commencez à vous lancer des défis dès aujourd'hui !

Chapitre 18 — Abandonnez

Dans notre société actuelle, il est tentant de se laisser emporter par l'engouement de tout avoir, tout faire et tout être. Les médias sociaux, la publicité et la pression du succès peuvent nous donner l'impression que nous devons tout accomplir simultanément. Cependant, il est important de se rappeler que nous sommes des êtres humains avec nos propres limites.

Si vous êtes comme moi et que vous avez un million de projets et de rêves, vous savez qu'il est utopique de les réaliser tous en même temps. Au lieu de vous surmener jusqu'à l'épuisement, vous devez renoncer temporairement à certains d'entre eux afin de vous concentrer sur ceux qui comptent le plus. Qu'il s'agisse de notre santé, de nos relations, de notre carrière ou de notre développement personnel, nous devons prioriser. Ce faisant, nous pouvons être plus productifs, plus épanouis et plus performants.

La première étape consiste à déterminer quels projets sont les plus importants. Il est parfaitement acceptable et même souhaitable de se concentrer sur ceux qui ont le plus d'impact ou qui sont les plus bénéfiques pour votre vie actuelle. Ne craignez pas de reporter certains projets. Cela ne signifie pas qu'ils ne seront jamais réalisés, mais simplement qu'ils seront temporairement reportés. Nous les mettons en attente jusqu'à ce que le moment soit plus propice. Nous pourrons y revenir lorsque nous disposerons de plus de temps, d'énergie ou de ressources pour les accomplir. Nous devons garder notre vision et nos rêves à l'esprit, mais nous devons également faire preuve de souplesse et nous adapter aux changements de circonstances.

Une manière d'établir un plan annuel avec des projets prioritaires. Passez en revue votre liste de projets et identifiez ceux qui doivent être réalisés en premier et ceux qui peuvent être repoussés à plus tard. Cela vous permettra de rester organisé et de vous assurer que tout sera accompli soit maintenant, soit ultérieurement. De plus, élaborer un plan vous maintiendra motivé en vous donnant une vision claire de ce qui doit être accompli par la suite.

Évaluez de manière réaliste ce que vous pouvez accomplir et définissez des limites. Il est impossible de tout faire, car, si vous êtes comme moi, la liste des choses que vous souhaitez réaliser est infinie. Si je pense à tous les livres et scénarios de films que j'aimerais écrire, je sais que je ne pourrai jamais les terminer en un an. J'ai de plus en plus d'idées chaque jour ! Et ce n'est qu'un aspect de ma vie. J'ai des enfants à élever, des peintures à créer, une maison à entretenir, des rénovations à terminer, des actions politiques à mener, un autre diplôme à obtenir… et un travail à temps plein. Cela signifie que je dois faire des choix, parfois déchirants, parmi mes rêves et reporter la réalisation de certains d'entre eux. Certains projets seront abordés ultérieurement, tandis que d'autres perdront de leur intérêt avec le temps. Afin de m'aider dans ce processus, j'ai élaboré une méthode que j'explique dans le livre *Plan annuel en 5 étapes : Planifiez votre vie une année à la fois pour bâtir un empire et atteindre les plus hauts sommets.*

Il est naturel de vouloir poursuivre tous nos rêves en même temps. Cependant, la vérité est que c'est une mission impossible. Pour éviter l'épuisement et maximiser nos chances de réussite, nous devons nous concentrer sur quelques projets à la fois et les mener à bien avant de passer à d'autres.

Chapitre 19 — Réglez vos problèmes personnels

La vie est parsemée de défis et il peut sembler que nous soyons constamment confrontés à des préoccupations et des problèmes. Cependant, nous ne devons pas simplement les subir passivement. Se concentrer exclusivement sur nos difficultés personnelles au travail peut troubler notre esprit et avoir un impact négatif sur notre bienêtre. C'est pourquoi il est crucial de prendre en main notre vie et de prendre des mesures préventives pour anticiper l'arrivée de problèmes.

Bien qu'il soit impossible d'éliminer tous nos soucis, il demeure possible de prendre des mesures pour en réduire la charge. Prendre soin de soi est essentiel pour vivre une vie heureuse et épanouie, et cela peut vous aider à éviter de nombreux problèmes. Parmi les mesures que vous pouvez prendre, citons une bonne alimentation, de l'exercice, des moments de qualité avec votre famille, une gestion responsable de vos finances, des passetemps, un sommeil suffisant et une hydratation adéquate.

Cependant, en fonction de votre personnalité, d'autres activités peuvent s'avérer plus efficaces pour atténuer l'impact des problèmes personnels. Par exemple, certaines personnes aiment méditer, se promener dans la nature, pratiquer la respiration profonde, tenir un journal ou parler à un coach de vie ou à un thérapeute. Peu importe ce qui vous aide à vous sentir bien et à réduire votre niveau de stress, intégrez-le à votre routine quotidienne.

Prendre soin de soi n'est pas toujours facile ou abordable, mais c'est essentiel pour une existence heureuse. En prenant des mesures proactives pour éviter que des problèmes n'affectent notre vie professionnelle, vous pouvez augmenter votre productivité à long terme. Le fait est que vous devez être en bonne santé, heureux et plein d'énergie pour accomplir vos rêves. Faites de votre mieux pour être à votre meilleur.

Chapitre 20 — Continuez à apprendre

Il est essentiel de continuer à apprendre et à investir dans votre développement professionnel tout au long de votre parcours. Peu importe votre niveau de carrière, il existe toujours de nouvelles connaissances à acquérir. Découvrons ensemble les nombreux bénéfices de la formation continue.

Si vous évoluez dans une grande entreprise, découvrez ce que font vos collègues. En effet, une meilleure compréhension du fonctionnement de chaque service vous permettra de mieux apprécier le rôle unique de chaque personne au sein de l'organisation. Vous saurez ainsi toujours à qui demander des informations. En outre, plus vous en saurez sur l'entreprise, plus vous serez à même de prendre des décisions qui profiteront à toutes les parties concernées.

Continuez à vous former dans votre domaine d'intérêt, mais n'ayez pas peur de vous inscrire à des formations qui sortent de votre champ d'expertise. Suivre des cours, quels qu'ils soient, peut vous apporter une vision et une inspiration précieuses pour des projets ou des tâches au travail. Même si ces cours ne sont pas directement liés à votre domaine d'activité quotidien, il est toujours bénéfique d'élargir vos horizons.

Une autre façon d'apprendre est d'accepter des tâches ou des emplois qui ne vous sont pas familiers. Ne refusez pas une opportunité simplement parce qu'elle ne correspond pas à ce que vous savez faire. Sortir de votre zone de confort est un entrainement en soi, qui vous permet de vous familiariser avec l'inconnu et de le rendre moins intimidant la prochaine fois. Par exemple, comment apprendre à gérer une équipe? En gérant une équipe. Ne commettez pas l'erreur de refuser une promotion sous prétexte que vous n'avez pas l'expérience. Bien sûr, vous n'avez jamais géré une équipe, mais vous apprendrez. Acceptez et développez de nouvelles compétences par l'expérience.

La formation continue vous conférera un avantage compétitif significatif au fil des ans par rapport à ceux qui cessent d'apprendre dès la fin de leurs études. Vous pensez peut-être que le fait d'occuper un emploi est synonyme d'apprentissage, mais si vous ne remettez pas activement en question vos processus, vos rôles et vos interactions, vous stagnez. Répéter la même tâche pendant vingt ans ne vous rend pas automatiquement plus efficace que votre collègue qui la fait depuis trois ans, à moins que vous n'ayez mis votre cerveau au service de votre métier et que vous ne vous soyez activement engagé dans l'excellence.

En outre, soyez ouvert à de nouvelles façons d'effectuer un travail, car cela peut conduire à des améliorations en matière d'efficacité et d'efficience. Essayez différentes méthodes, même si elles vous semblent peu conventionnelles. L'expérimentation est un élément clé de ce processus, car elle permet de tester et d'explorer différentes approches. En cherchant constamment à innover, les individus et les organisations peuvent rester à la pointe du progrès. Évaluez les résultats de vos tests afin d'identifier ce qui fonctionne ou pas, puis déterminez la meilleure approche pour avancer.

Ne craignez pas de prendre des risques calculés. Votre théorie peut ne pas fonctionner lorsque vous la mettez en pratique, mais vous en tirez une leçon précieuse. À la fin, vous pourriez même obtenir une idée encore meilleure.

De même, les méthodes qui n'ont pas fonctionné il y a cinq ans pourraient bien être la solution aujourd'hui. La vie change, et vous aussi.

Découvrez le développement personnel et apprenez à vous connaitre. Plus vous êtes conscient de vos pensées, plus il vous sera facile de sortir de votre zone de confort, de reconnaitre vos biais cognitifs et de faire face à vos peurs. En maitrisant vos émotions, vous gagnez en contrôle sur vos actions.

Par exemple, si vous pensez que personne ne serait intéressé par le livre que vous voulez écrire, il vous sera difficile de vous assoir et de consacrer des heures à ce projet. Pour accroitre votre motivation, essayez une pensée plus optimiste, comme « Si une seule personne tire profit de mon enseignement, cela en vaudra la peine ». Vous pouvez également envisager l'idée que le livre trouvera son public.

Apprendre à tout âge est un élément essentiel pour réussir, peu importe le domaine. Elle vous permet de rester en avance sur vos pairs et de progresser professionnellement plus rapidement que les autres. Chaque jour, veillez à vous engager dans de nouveaux défis qui vous poussent à évoluer, ainsi que ceux qui vous entourent. La formation continue est l'un des investissements les plus précieux que vous pouvez faire pour votre croissance.

Chapitre 21 — Écrivez plus vite

Si vous voulez vraiment être plus productif au bureau, l'un des moyens les plus simples et les plus efficaces est d'apprendre à taper plus vite. Utiliser dix doigts au lieu de deux vous fera gagner beaucoup d'heures au cours de votre carrière. Qu'il s'agisse de courriers électroniques, de rapports, de séances de remue-méninge ou de présentations, savoir taper rapidement et avec précision peut faire toute la différence dans votre productivité. Ne me dites pas que votre dactylographie à un doigt est géniale et vraiment rapide. Ce n'est pas le cas. Ne vous faites pas d'illusions.

Apprenez la technique reconnue pour taper au clavier. En effet, un bon positionnement des doigts peut vous aider à augmenter votre vitesse. Il existe de nombreux sites web qui vous apprennent à taper, tels que Typing.com ou 10FastFingers.com, ainsi que des logiciels comme TypingMaster, RapidTyping et Typing Tutor. Quelques heures investies dans ce type d'apprentissage vous permettront d'économiser beaucoup de temps au cours de votre carrière. Entrainez-vous régulièrement. Essayez d'améliorer non seulement votre vitesse, mais aussi votre précision. Je connais des personnes qui savent taper, mais qui doivent effacer si souvent que cela les ralentit. Vous pouvez vérifier votre rapidité grâce à des tests en ligne qui vous aideront à mesurer votre vitesse et à identifier les points à améliorer.

Ensuite, apprenez à utiliser les raccourcis clavier. De nombreux programmes, tels que Microsoft Word, comportent des groupes de touches qui peuvent être employés pour effectuer des tâches courantes comme copier et coller du texte. Les touches que j'utilise le plus souvent sont les suivantes :

- Ctrl+X pour couper le texte sélectionné
- Ctrl+Z pour annuler la dernière action effectuée
- Ctrl+Y pour répéter la dernière action effectuée
- Ctrl+A pour tout sélectionner
- Ctrl+C pour copier le texte sélectionné
- Ctrl+V pour coller le texte sélectionné.

Essayez-les ! Vous gagnerez du temps.

Assurez-vous que votre clavier est ergonomique et qu'il est bien positionné pour réduire les risques de fatigue ou de douleur dans les doigts, les poignets ou les bras.

De nombreuses personnes se tournent maintenant vers des applications ou des logiciels de dictation pour parler au lieu de taper. Il existe des options gratuites incluses dans Word et Google Documents, ou vous pouvez acheter le programme de reconnaissance vocale Dragon. J'utilise l'application « Saisie vocale » sur Google Document, à partir de mon téléphone, et la précision est satisfaisante.

Apprendre à taper plus vite est une compétence inestimable que toute personne qui emploie régulièrement un ordinateur devrait maitriser si elle veut être plus productive sur son lieu de travail. Améliorer vos habiletés en matière de dactylographie vous permettra d'accomplir vos tâches de manière plus efficace.

Chapitre 22 — Documentez

Quel que soit le niveau hiérarchique que vous atteignez, il est essentiel de documenter les processus d'entreprise, ce qui peut contribuer à vous rendre plus efficace. Le fait d'écrire les étapes nécessaires à l'accomplissement d'une tâche vous aidera à la visualiser précisément. Une fois le processus sur papier, vous pourrez identifier les goulets d'étranglement dans votre flux de travail et apporter des changements pour améliorer l'efficacité globale. Une documentation claire et détaillée peut contribuer à garantir que toutes les personnes concernées comprennent bien leurs responsabilités et le fonctionnement du processus.

De plus, si votre méthode est documentée, vous pouvez déléguer une tâche à n'importe qui. Cela permettra à un collègue de prendre votre relai pendant vos absences, de sorte que votre charge de travail sera moindre à votre retour.

Les nouveaux employés peuvent plus facilement apprendre leur rôle en examinant la documentation des processus. Ils n'auront pas besoin de vous poser des questions sur la marche à suivre, car la plupart des réponses seront disponibles par écrit. En outre, lorsque vous quitterez votre poste, vous serez fier d'avoir mis en place tous les outils nécessaires à votre remplaçant. La documentation des processus est une bonne pratique sur le lieu de travail, car elle assure la continuité en cas de rotation du personnel ou de perturbations inattendues.

La documentation vous permet également de garder une trace de la manière d'effectuer des tâches régulières que vous n'exécutez que de temps en temps. Au lieu de vous redemander chaque fois comment faire, vous pouvez rapidement vous référer à votre méthodologie étape par étape. Cela permet non seulement de gagner en rapidité, mais aussi de garantir la qualité en réduisant les risques d'erreur. Vous n'oublierez pas d'activités clés si vous pouvez vous référer à un registre des tâches à accomplir et de l'ordre dans lequel elles doivent l'être. Vous n'aurez pas besoin de vous fier à votre mémoire et d'espérer le meilleur, tout en courant le risque de devoir revenir en arrière pour réparer quelque chose. Ces documents sont particulièrement intéressants pour un travailleur autonome.

À titre d'exemple, j'ai documenté le processus d'autoédition de mes livres. Sur ma liste figurent les étapes à suivre pour ajouter le contenu en ligne, mettre à jour mon site web et promouvoir le lancement du livre. Ainsi, je gagne du temps et j'évite les oublis et les hésitations.

Décidez de l'endroit où vous conserverez vos procédures et assurez-vous de maintenir de l'ordre dans votre documentation. De plus, vous pouvez utiliser vos processus actuels pour en créer d'autres, donc plus vous documentez, plus c'est facile.

Également, documentez une liste d'essentiels pour le voyage. Dans le cadre d'un de mes emplois, je devais me déplacer pour rendre visite à des clients partout en Amérique du Nord. J'ai utilisé la même liste chaque fois que j'ai dû faire ma valise. Si j'oubliais un article, je l'ajoutais à la liste pour le prochain voyage. Ainsi, je pouvais faire ma valise en toute confiance en quelques minutes. Vous pouvez établir une liste de référence pour le camping ou pour d'autres activités nécessitant des bagages.

Un dernier conseil : enregistrez les sites web que vous utilisez fréquemment dans les favoris ou les signets de votre navigateur. Cela vous permet d'y accéder sans avoir à taper manuellement l'URL ou à recourir à un moteur de recherche pour le trouver. Pour enregistrer un site web dans vos favoris dans Chrome, cliquez sur l'étoile située à droite de la barre d'URL. Vous pouvez également utiliser le raccourci clavier Ctrl+D sous Windows ou Cmd+D sous Mac pour ajouter le site à vos favoris. Une fois le site enregistré, vous pouvez y accéder en cliquant sur l'onglet « Favoris » ou « Signets » de votre navigateur. En outre, vous pouvez organiser vos signets dans un dossier et leur donner un titre pour les identifier facilement.

Le temps que vous consacrerez aujourd'hui à la documentation produira des bénéfices encore plus importants demain. Quel que soit le type de tâches que vous avez à accomplir, expérimentez pour optimiser toutes les étapes. Élaborez et affinez vos processus afin d'augmenter la rapidité d'exécution.

Chapitre 23 — Procurez-vous les bons outils

Les outils appropriés font toute la différence dans n'importe quel métier. Que vous soyez étudiant, cadre ou même ouvrier du bâtiment, le fait d'avoir les bons outils peut rendre votre travail plus facile et plus efficace.

Pour les employés de bureau, un ordinateur puissant est une nécessité. Plus celui-ci est rapide, plus il peut exécuter de programmes à la fois. Assurez-vous que vous disposez d'un système fiable et à jour, capable de traiter de grandes quantités de données et des logiciels lourds. Cela vous permettra d'accélérer votre flux de travail et d'être plus productif, avec moins de temps d'arrêt pour attendre que les programmes s'ouvrent ou que les processus se terminent.

Un accès fiable à l'internet à haut débit est également essentiel si vous utilisez votre ordinateur pour travailler ou étudier. Le temps d'attente pour le chargement des pages ou la fin des téléchargements s'accumule en heures gaspillées, ce qui réduit votre efficacité. Investir dans l'internet à haut débit est rentable pour votre productivité.

Si vous passez beaucoup de temps au téléphone dans le cadre de votre travail, l'achat d'un micro-casque en vaut la peine. Non seulement un casque vous laisse les deux mains libres pendant la conversation, mais il contribue aussi à améliorer la qualité du son en réduisant les bruits de fond et ceux provenant d'autres personnes ou d'appareils autour de vous. Un casque diminue également la tension du cou causée en tenant un téléphone pendant de longues périodes, ce qui vous permet de répondre à plusieurs appels sans vous fatiguer trop rapidement.

Ne gaspillez pas votre énergie avec des outils cassés — réparez-les ou remplacez-les. Travailler avec du matériel défectueux peut vous faire perdre un temps précieux qui aurait pu être utilisé ailleurs. Remplacer des articles défectueux permet de s'assurer que les tâches sont accomplies avec un minimum de frustration. Je ris chaque fois lorsque je vois un collègue s'énerver à cause d'un stylo sec et le remettre dans le porte-stylo. Il se fâche à plusieurs reprises au lieu de prendre deux secondes pour jeter cet outil inutilisable.

Ranger les outils en fonction de leur fréquence d'utilisation est une autre étape importante pour améliorer l'efficacité. Par exemple, vous pouvez placer le matériel fréquemment utilisé tel que les stylos, les marqueurs et les ciseaux sur le bureau pour les avoir à portée de la main. Gardez dans un tiroir les outils que vous employez tous les mois et rangez ceux dont vous avez rarement besoin à un autre endroit. Si vous ne vous servez jamais d'une agrafeuse, il n'est pas nécessaire d'en décorer votre bureau. J'aime que mon espace de travail ne soit pas encombré et qu'il soit épuré.

Pour les tâches où vous devez demander une signature, obtenir une approbation, écrire votre adresse ou identifier des produits, envisagez d'acheter un tampon encreur pour gagner du temps. Par ailleurs, évaluez si ce travail est nécessaire ou s'il est effectué de manière optimale. Si certains employeurs ont des politiques qui ne peuvent pas être modifiées, ils sont peut-être plus ouverts à l'élimination de certaines tâches. La suppression des activités répétitives inutiles peut libérer du temps et de l'énergie précieux.

Les services bancaires en ligne offrent un large éventail d'options, qu'il s'agisse de transférer de l'argent, de payer des factures ou d'investir dans différents types de comptes. Vous pouvez même déposer des chèques et effectuer des versements hypothécaires supplémentaires, tout en restant chez vous. Adoptez les services bancaires en ligne pour simplifier votre gestion financière et gagner du temps. Fini les chèques, les enveloppes et les factures imprimées.

Enfin, investir dans des logiciels performants peut s'avérer payant. Les outils de correction comme Antidote, par exemple, peuvent détecter les fautes d'orthographe et de grammaire, ce qui amène une communication claire et professionnelle. En outre, l'intelligence artificielle peut également vous assister dans votre travail. Ainsi, vous pourrez vous consacrer à des activités plus importantes. Dans l'ensemble, les bons outils peuvent contribuer à améliorer votre productivité, votre précision et votre réussite autant dans votre vie professionnelle que dans vos projets personnels. S'assurer que l'on dispose des outils adéquats permet de faire en sorte que tout soit fait le plus efficacement possible.

Chapitre 24 — Libérez votre esprit

Le cerveau humain a une capacité limitée en matière de traitement et de stockage d'informations en simultané. Lorsqu'il est surchargé d'informations à retenir, il peut être plus difficile de se concentrer et de penser de manière créative. Par conséquent, si vous l'alourdissez avec des listes à mémoriser, sa capacité sera réduite. Il ne traitera que des informations à moindre valeur ajoutée, perdant ainsi la possibilité d'innover.

Libérer notre esprit de ce désordre peut donc améliorer notre efficacité. Comment arriver à consigner les diverses responsabilités qui occupent nos pensées, telles que les tâches ménagères, les réunions à venir, les projets personnels, les rénovations de la maison, les problèmes de voiture et les appels à grand-mère ?

Il existe un moyen de rassembler ces pensées en un seul endroit et de les entreposer pour un usage ultérieur afin qu'elles ne vivent plus en liberté dans votre cerveau. Essayez certaines de mes recommandations et ajustez-les en cours de route.

J'utilise Google Keep pour conserver des listes en ligne. Je peux y accéder en tout temps et les mettre à jour quand une idée me traverse l'esprit. Grâce à cette application, je partage la liste d'épicerie avec mon mari. Lorsque je cuisine, si j'épuise un ingrédient, je l'ajoute immédiatement. Ainsi, il fait les courses et je ne manque jamais de rien.

Je garde également une liste des magasins que je fréquente et j'y ajoute des articles à acheter au fur et à mesure que j'y pense. De cette façon, je sais exactement ce que je dois acquérir la prochaine fois que je mets les pieds au centre commercial. Je ne croise pas les doigts en espérant que j'arriverai à me souvenir de tout pour finalement revenir avec la moitié des articles dont ma famille a besoin. Je réduis les déplacements et épargne bien du temps et des frustrations. D'autant plus que je déteste magasiner !

Je recommande également de créer une banque d'idées pour les sortir de votre cerveau. Organisez-la aussi clairement que possible pour commencer. Vous l'affinerez au fur et à mesure. Les avantages de cette méthode sont nombreux. Tout d'abord, une banque d'idées vous aide à préserver vos idées, car elles sont soigneusement rangées au même endroit plutôt qu'éparpillées. Ainsi, aucun éclair de génie n'est perdu ou oublié. Cette banque devient une ressource pour l'avenir. En effet, vous pouvez toujours y puiser de l'inspiration pour la suite.

Commencez simplement. Tout ce dont vous avez besoin, c'est d'un endroit où compiler toutes vos idées, qu'il s'agisse d'un carnet, d'un journal, ou d'une application sur votre téléphone. Si vous préférez les options matérielles, les carnets sont parfaits pour garder une trace des pensées quotidiennes, tandis que les applications en ligne comme Evernote ou Google Document sont idéales pour y avoir accès de partout sur la planète. À partir de là, il vous suffit d'écrire toutes les idées qui vous viennent à l'esprit pour qu'elles ne vous échappent pas. Passez ces idées en revue périodiquement. Mettez-les sur la liste des choses à faire, le cas échéant, et épurez-les au fur et à mesure.

Chapitre 25 — Étendez votre influence

Dans le monde corporatif, une bonne réputation et de solides relations professionnelles peuvent s'avérer extrêmement utiles pour votre avancement. En effet, plus les gens vous connaissent et apprécient votre travail, plus ils sont plus susceptibles de penser à vous quand des occasions intéressantes se présentent. Il peut s'agir de promotions, de nouveaux projets ou même d'opportunités d'emplois. Construire un réseau professionnel solide demande du temps et des efforts, mais peut s'avérer payant à long terme.

Votre bonne réputation contribue également à établir la confiance et la crédibilité auprès de vos collègues et de vos supérieurs. Lorsque les gens vous connaissent, ils sont plus enclins à croire en vos capacités et à vous confier davantage de responsabilités.

Entrez en contact avec des personnes de tous les niveaux de l'organisation, quel que soit leur rôle. Ce faisant, vous pouvez obtenir des informations et des connaissances précieuses de différents services, ce qui peut être essentiel pour prendre des décisions éclairées et résoudre des problèmes complexes. Puisque tout le monde doit manger, profitez de votre heure du diner pour nouer des relations. Essayez également de participer aux activités sociales organisées par votre employeur et d'assister à des évènements de réseautage.

En outre, en nouant des relations personnelles avec vos collègues, il vous sera plus facile de les aborder lorsque vous aurez besoin d'aide ou que vous aurez des questions à poser. Ils seront plus enclins à vous aider s'ils vous apprécient déjà. Ainsi, ils peuvent vous offrir du mentorat, vous partager des informations privilégiées ou même vous présenter à des personnes clés. Ces relations contribuent à faire de vous un employé bien informé, ce qui peut conduire à des liens encore plus forts et à des promotions.

Un moyen facile d'instaurer une relation professionnelle avec vos collègues est de leur être utile et de leur offrir de la valeur en premier. Partagez avec eux des informations ou des ressources afin de vous positionner en tant que personne compétente et digne de confiance, ce qui peut conduire à des liens encore plus solides et à des opportunités de croissance professionnelle.

Par exemple, si vous tombez sur un rapport en rapport avec un projet sur lequel travaille votre collègue, prenez le temps de le partager avec lui. Si vous êtes expert dans un domaine particulier, proposez-lui de répondre à ses questions ou de le mentorer. En soutenant la réussite de vos collègues, vous construisez votre propre réputation en tant que joueur d'équipe et atout inestimable pour l'organisation.

Interagir avec ceux qui aiment les interactions sociales peut aider à établir des relations et à créer une ambiance de travail positive. Cependant, il est important de reconnaitre que plusieurs personnes n'apprécient pas le bavardage. Portez attention au langage corporel et ne forcez pas la conversation si votre interlocuteur ne semble pas intéressé.

Si vous avez du mal à engager la discussion, pensez à préparer quelques phrases simples qui vous aideront à établir le contact.

Une question que j'utilise fréquemment lors d'activité sociale est : « Qu'est-ce qui vous a amené à vous inscrire à cette conférence ? » Cette phrase m'aide à briser la glace.

Le maintien d'une attitude positive peut avoir un impact significatif sur votre travail. Les gens sont naturellement attirés par ceux qui font preuve d'enthousiasme et d'énergie, car cette attitude crée une ambiance plus agréable. L'optimisme peut contribuer à remonter le moral des troupes et à favoriser une atmosphère de soutien, ce qui peut conduire à une meilleure collaboration et à des relations plus étroites avec les collègues.

Il existe plusieurs façons de cultiver une attitude positive, notamment en se concentrant sur les aspects agréables de sa vie, en pratiquant la gratitude et en trouvant de la joie dans les petites choses. Vous pouvez également essayer de recadrer les situations négatives et de trouver le bon côté des expériences difficiles.

Sur le lieu de travail, il est important de faire preuve de positivité non seulement dans vos interactions avec vos collègues, mais aussi dans votre approche des tâches et des projets. Concentrez-vous sur les solutions plutôt que sur les problèmes, relevez les défis avec détermination et trouvez des moyens de rendre le travail agréable. Ce faisant, vous contribuerez à créer un environnement plus convivial et augmenterez votre propre satisfaction.

Dans l'ensemble, des relations professionnelles solides et une bonne réputation dans le monde corporatif sont essentielles à la réussite. Elles peuvent ouvrir la voie à de nouvelles opportunités, établir la confiance et fournir un soutien tout au long de votre parcours, vous permettant ainsi d'atteindre vos objectifs plus rapidement.

Chapitre 26 — Gérez les entrées

Nous savons tous qu'il nous arrive de crouler sous les courriels, les articles à lire et les informations à traiter.

Une gestion efficace des données entrantes améliore la prise de décision en affaires en facilitant leur analyse cohérente. Des données bien organisées et accessibles sont essentielles pour accroitre votre productivité, en réduisant le temps et les efforts consacrés à la recherche. Cela vous permet de vous concentrer sur les tâches nécessitant votre attention. De plus, elle favorise la collaboration et la communication au sein de l'équipe, ce qui facilite le travail collaboratif et les résultats. En revanche, un système de classement encombré et désorganisé peut engendrer confusion et frustration, augmentant ainsi le niveau de stress.

Pour mieux gérer les flux de données, vous pouvez essayer de mettre en œuvre la méthode JDAC. Les lettres représentent les verbes Jeter, Déléguer, Agir et Classer. Voici une brève explication de chaque étape.

- Jeter. Passez en revue vos documents entrants et identifiez ceux qui sont superflus, en double ou inutiles. Se débarrasser de ces documents en premier libère de l'espace et réduit le désordre, ce qui permet de se concentrer sur ce qui est important.

- Déléguer. Évaluez quels documents pourraient être transférés à quelqu'un d'autre. Cela vous permettra d'alléger votre charge de travail et de mieux utiliser votre temps.
- Agir. Pour les documents qui ne peuvent pas être jetées ou déléguées, passez à l'action immédiatement ou ajoutez une tâche à votre calendrier.
- Classer. Une fois la tâche terminée, jetez si possible ou sinon rangez les documents pertinents. Cela permet d'y accéder plus facilement et de réduire le risque de perdre des détails importants. Créez un système de classement clair pour vos courriels et pour vos documents de bureau. Élaguez vos documents une fois par année.

La gestion efficace des courriels et du courrier est un défi quotidien. Il existe de nombreuses techniques qui peuvent vous aider à les trier.

- Mettez en place un système de classification des courriels. Créez un dossier par projet et placez-y uniquement les courriels auxquels vous pourriez avoir besoin de vous référer. Vous retrouverez plus facilement les courriels et votre boite de réception sera la plus vide possible. Surtout, ne craignez pas de supprimer la grande majorité des courriels. Une fois que vous avez traité une tâche, vous n'aurez probablement pas besoin de conserver des traces, sauf si vous risquez d'être poursuivi en justice. À titre de comparaison, je conserve moins de 5 % de mes courriels.
- Désabonnez-vous des infolettres inutiles. Prenez le temps de faire ces quelques clics pour vous en épargner plusieurs dans le futur. Cela réduira la quantité de courrier entrant

et permettra de repérer plus facilement les messages qui comptent. Si vous ne lisez pas l'infolettre, ne lui laisser aucune place dans votre boite de réception. De plus, bloquez tous les expéditeurs indésirables.

- Utilisez des filtres. Ceux-ci classent automatiquement les courriels vers des dossiers prédéfinis, en fonction de critères tels que l'expéditeur, l'objet ou des mots-clés. Cela permet de gagner du temps et de réduire le nombre de communications que vous devrez trier manuellement.

- Répondez aux courriels dès que possible, maximum dans un délai d'un jour ou deux. Cela démontre que vous accordez de l'importance à l'expéditeur et contribue à établir votre professionnalisme. Ouvrez-le une fois — lisez, décidez, agissez. N'ouvrez pas le message si vous n'avez pas le temps d'y répondre.

- Créez des modèles pour les courriels courants, tels que les réponses aux questions fréquemment posées ou les suivis routiniers. Cela permet de gagner du temps et de s'assurer que toutes les communications sont homogènes en ton et en contenu. Vous pouvez même créer une page de FAQ pour prévenir ces questions à la source.

- Triez le courrier physique dès son arrivée, en jetant les éléments inutiles et en classant les documents importants à un endroit désigné. Cela permet de réduire l'encombrement.

Rédiger un courriel parfait peut s'avérer difficile. Tentez d'être concis et d'aller droit au but. Tenez-vous-en à de courtes explications et n'abordez qu'un seul sujet dans votre courriel, car cela risque de compliquer sa compréhension. Si votre message est source de confusion pour le destinataire, il est possible que vous deviez attendre plus longtemps avant d'obtenir une réponse.

Si vous constatez que votre réponse par courrier électronique dépasse les cinq phrases, envisagez plutôt d'appeler. Un appel téléphonique offre la possibilité d'une communication en temps réel et est souvent un moyen plus efficace pour résoudre des questions complexes ou délicates.

Écrire des courriels brefs sauve du temps à vous et à votre destinataire, car il peut comprendre promptement l'objectif sans avoir à parcourir un long message. Vous augmentez ainsi la probabilité d'obtenir une réponse plus rapidement.

Expérimentez certaines de ces méthodes et vous constaterez bientôt à quel point la gestion des communications entrantes est devenue plus simple.

Chapitre 27 — Déléguez

Déléguer est un excellent moyen de faire avancer les projets plus efficacement et peut également s'avérer bénéfique pour développer les compétences de vos collègues (ou de vos enfants). C'est un élément clé de toute équipe performante. Cependant, ce n'est pas toujours facile et il faut bien réfléchir à la personne la plus apte à accomplir chaque tâche. Voici quelques conseils pour déléguer efficacement.

Commencez par comprendre les forces et les faiblesses de votre équipe. Vous devez savoir ce qu'ils aiment faire et ce en quoi ils sont bons, afin de pouvoir répartir les tâches en conséquence. Vous pourrez ainsi avoir confiance qu'elles sont accomplies de la manière la plus efficace possible.

En outre, la formation est un investissement inestimable lorsqu'il s'agit de délégation. Non seulement elle aide les personnes à maitriser les compétences nécessaires, mais elle montre également aux membres de votre équipe que vous vous souciez de leur réussite et que vous êtes prêt à vous impliquer dans leur croissance. À long terme, il en résultera une hausse dans la productivité et la motivation des employés.

Si une formation préalable à la délégation peut s'avérer nécessaire, les nouvelles tâches constituent également des opportunités d'apprentissage pour les membres de votre équipe.

Lorsque vous déléguez, vous les aidez à élargir leurs compétences dans leur domaine. Cela peut contribuer à renforcer la confiance et la loyauté au sein de votre équipe, tout en augmentant l'efficacité globale.

La microgestion ou l'inquiétude excessive pour chaque petit détail peuvent engendrer une augmentation du niveau de stress, tant pour vous que pour vos collègues. Essayez donc de ne pas être trop exigeants envers eux, ou vous-même par la même occasion, car tout le monde commet des erreurs. Acceptez le fait que si le résultat final est satisfaisant, la manière dont il a été obtenu importe peu. En accordant suffisamment de confiance aux autres, vous leur témoignez du respect et leur offrez la possibilité de progresser dans leur rôle, ce qui se traduit, en fin de compte, par de meilleures performances de chaque membre de l'équipe.

Pensez également à déléguer à la maison. En confiant à vos enfants des tâches adaptées à leur âge, vous les encouragez à participer aux activités domestiques tout en favorisant leur développement. Ils acquièrent un sens des responsabilités et ressentent un sentiment d'accomplissement en accomplissant les tâches qui leur sont assignées, ce qui renforce leur confiance en eux et leur fierté. Par exemple, les enfants peuvent être responsables de ranger leurs jouets, mettre la table, nourrir les animaux domestiques et arroser les plantes. Veillez à choisir des tâches appropriées à leur âge et à leurs capacités. En déléguant, vous aidez vos enfants à développer leur caractère.

Il existe aussi des plateformes en ligne qui mettent en relation des travailleurs indépendants avec des clients du monde entier, comme Upwork ou Fiverr. Vous pouvez donc déléguer plus ou moins régulièrement certaines tâches.

Profitez également des avancées en intelligence artificielle.

Vous pouvez utiliser des outils d'IA pour créer des plans, planifier des réunions, effectuer des recherches, et même rédiger des rapports ou des articles. En déléguant ces tâches à des systèmes d'IA performants, vous optimisez votre productivité et obtenez des résultats plus efficacement.

La délégation est une compétence essentielle pour tout responsable ou gestionnaire, et elle peut être facilement mise en œuvre si elle est effectuée correctement pour profiter de tous ses avantages.

Chapitre 28 — Gérez vos émotions

La gestion de vos émotions est essentielle pour préserver vos bonnes intentions et maximiser votre efficacité. En régulant vos émotions, vous pouvez maintenir un état d'esprit clair et concentré, même face à des situations stressantes ou difficiles. En régulant vos réactions face à la frustration, la colère ou l'anxiété, vous réduisez leur impact sur votre performance. Vous évitez d'être distrait ou submergé, ce qui vous permet de vous concentrer sur les tâches à accomplir, de prendre des décisions éclairées et de persévérer.

Affronter vos émotions négatives et agir malgré elles peut jouer un rôle essentiel dans le développement personnel et professionnel. Par exemple, lorsque nous évitons ce qui nous effraie, nous perdons souvent du temps à nous inquiéter, à procrastiner, à douter de nous-mêmes et à nous juger. Cette attitude, bien que naturelle, ralentit notre progression et diminue notre productivité. En plus, elle peut également restreindre notre potentiel de réussite. En revanche, lorsque nous apprenons à faire face à nos émotions, nous développons un état d'esprit axé sur la croissance, nous gagnons en confiance et nous sommes mieux préparés pour relever les défis qui se présentent à nous.

En acceptant d'agir malgré les émotions qui peuvent survenir, vous accumulez une expérience inestimable. Par exemple, recevoir un commentaire négatif pour l'un de vos projets, comme un livre, peut être dévastateur la première fois. Cependant, à mesure que votre rayonnement grandit, il est inévitable de faire face à davantage de critiques, car votre travail ne peut pas plaire à tous. Persévérer malgré les émotions négatives de la critique est essentiel pour progresser.

Lorsque nous apprivoisons nos émotions, nous amplifions notre capacité à rebondir après un échec. C'est une compétence précieuse autant sur le plan personnel que professionnel. De plus, agir malgré les émotions négatives qui nous assaillent nous permet de voir celles-ci comme une source de motivation plutôt que comme un facteur limitant, ce qui nous aide à prendre de l'élan pour atteindre nos objectifs.

Plusieurs facteurs peuvent nous amener à vivre des sentiments négatifs, tels que la routine, le manque de reconnaissance, une charge de travail excessive, les conflits avec les collègues ou les supérieurs, des objectifs irréalistes, une rémunération insatisfaisante ou un environnement hostile. En identifiant et en traitant les sources de négativité et de frustration dans notre vie professionnelle ou personnelle, nous pouvons en atténuer l'impact. Cela implique de prendre des pauses lorsque nécessaire, de changer notre perspective face aux pensées toxiques, de demander de l'aide, de discuter avec un ami de confiance et de trouver des moyens de rester positif et motivé.

Bien que les émotions négatives fassent partie intégrante de la vie humaine, en étant conscients de nos ressentis, nous pouvons reconnaitre ce qui se passe et prendre soin de nous.

Chapitre 29 — Agissez malgré la peur

Dans le chapitre précédent, nous avons exploré le concept des émotions et leur impact sur notre vie. Cependant, il y en a une qui mérite une attention particulière : la peur. Elle peut anéantir nos rêves si nous lui en donnons le pouvoir. Souvent, elle est la première émotion à surgir lorsque nous sommes confrontés à des décisions importantes ou à la nécessité de poser des actions à fort impact.

La peur est une émotion humaine fondamentale qui nous protège du danger. Elle déclenche notre réaction naturelle de lutte ou de fuite, ce qui peut être bénéfique dans certaines situations. Cependant, lorsque la peur devient envahissante et irrationnelle, elle peut être paralysante et nous empêcher d'exploiter pleinement notre potentiel. Il est essentiel de reconnaitre et de gérer nos peurs de manière constructive. En comprenant les racines de nos peurs et en les confrontant de manière adaptée, nous pouvons surmonter les obstacles qui nous limitent et nous ouvrir à de nouvelles possibilités de croissance et de réalisation personnelle.

La peur peut prendre différentes formes, telles que l'anxiété, l'inquiétude, le stress et la panique. Elle peut trouver son origine dans diverses sources, comme des expériences passées, des incertitudes concernant l'avenir ou des doutes sur soi-même.

Il est souvent plus facile de céder à cette émotion plutôt que de faire face aux défis qui se présentent à nous. Cependant, agir malgré la peur est le premier pas vers le succès.

Oui, il est effrayant de quitter un emploi.

Oui, il est effrayant d'investir dans un cours en ligne.

Oui, il est effrayant de demander de l'aide.

Oui, il est effrayant de déménager dans un autre pays.

Oui, il est effrayant d'offrir nos services.

Oui, il est effrayant de lancer une diffusion en direct sur les médias sociaux.

Oui, il est effrayant d'appeler un inconnu.

Quelle est l'action que vous remettez constamment à cause de la peur ?

Permettre à la peur de prendre le contrôle de nos vies ne fait qu'entraver notre réussite. Il est essentiel de la maitriser si nous voulons atteindre notre plein potentiel. La peur a souvent tendance à nous faire hésiter et à nous paralyser. C'est pourquoi il est crucial d'agir malgré ces sentiments, afin de développer notre résilience et notre courage. En sortant de notre zone de confort, nous avons l'opportunité d'acquérir de nouvelles compétences et de renforcer notre capacité à surmonter les obstacles. Plus nous nous entrainons à affronter ce qui nous effraie, plus notre courage se développe. Par conséquent, nous augmentons nos chances de réussir face à l'adversité.

N'oublions pas que la peur est une émotion humaine naturelle et que tout le monde en fait l'expérience. La différence entre ceux qui réussissent et ceux qui échouent réside dans leur volonté d'agir. Lorsque nous choisissons d'affronter nos peurs, nous gagnons en confiance en nos capacités et commençons à transformer les défis en opportunités.

Une façon de surmonter cette émotion est de changer notre

perspective et de nous concentrer sur les résultats positifs attendus après avoir entrepris l'action en question. En modifiant notre état d'esprit, nous pouvons voir la peur comme une occasion de développement personnel.

Pour être efficaces et productifs, nous devons accorder la priorité aux tâches qui ont le plus d'impact, même si elles sont effrayantes. Il est donc essentiel d'affronter nos peurs pour renforcer notre résilience et notre courage. Ainsi, nous pouvons développer de nouvelles compétences, surpasser des obstacles et atteindre nos objectifs.

Partie 2 — Le multitâche selon les règles de l'art

Le multitâche peut nuire à la productivité et aux performances, car il oblige le cerveau à passer constamment d'une activité à l'autre, ce qui cause une surcharge cognitive et une diminution de la capacité à se concentrer sur chaque tâche. En outre, le multitâche entraine souvent des erreurs et une baisse de la qualité du travail, et peut accroitre le stress et l'épuisement mental. Des recherches ont montré qu'il est plus efficace de se concentrer sur une tâche à la fois et de l'achever avant de passer à la suivante.

Mais qu'arriverait-il si vous choisissiez des tâches qui peuvent être combinées efficacement, sans mélanger le cerveau ? La clé du succès du multitâche est d'associer des activités et des objectifs qui peuvent être réalisés simultanément sans perte de productivité.

Le but est de créer des synergies et d'obtenir des résultats plus rapides en associant et en optimisant vos différents objectifs. En combinant des tâches importantes, vous pouvez maximiser votre temps, vos ressources et votre énergie.

Pour utiliser cette technique, vous devrez peut-être innover. Par exemple, s'occuper des enfants et faire le ménage peuvent être combinées en une expérience amusante et interactive, telle qu'une soirée danse-nettoyage. Cette approche vous permet non seulement d'accomplir deux objectifs à la fois, mais aussi d'ajouter un élément de joie à ce qui aurait pu être une corvée banale. Toutefois, quelle que soit votre créativité, gardez à l'esprit que certaines tâches peuvent rester désagréables.

Je vous donnerai de nombreux exemples, mais en voici un autre : cuisiner avec vos enfants pour profiter d'un moment de qualité avec eux. Essayez de ne pas compartimenter votre vie et créez plutôt des associations entre vos différents rôles. Un autre exemple est de combiner l'exercice physique avec vos moments de détente en allant vous promener ou courir dans un cadre pittoresque. De même, vous pouvez associer le travail et les interactions sociales en planifiant une pause-café virtuelle avec un collègue. Cette approche vous aide à optimiser votre temps et à atteindre vos objectifs plus rapidement et avec plus de satisfaction. En combinant plusieurs priorités, vous obtiendrez deux fois plus de résultats dans le même laps de temps. En terminant votre travail plus rapidement, vous vous libérez du temps pour profiter ensuite de la compagnie de vos enfants ou vous assoir pour savourer tranquillement une tasse de thé.

Libérer du temps peut avoir un impact profond sur votre capacité à prendre soin de vous, ce qui est un aspect essentiel du maintien d'une bonne santé mentale, physique et émotionnelle. Utilisez ce temps libre pour méditer, bouger, lire ou simplement vous allonger. Également, vous pouvez vous adonner à des passetemps et à des centres d'intérêt qui vous apportent joie et satisfaction. J'aimerais redonner plus de liberté à chacun d'entre vous.

La combinaison d'activités peut également vous aider à finalement travailler à l'atteinte de vos objectifs personnels. Par exemple, de nombreuses personnes ont du mal à maintenir un mode de vie actif en raison d'un horaire chargé. Cependant, comme nous le verrons dans les prochains chapitres, en intégrant l'exercice physique à d'autres aspects de votre routine, vous pouvez plus facilement l'incorporer à votre quotidien.

L'état d'esprit « Doublez votre temps » est si puissant que je dois vous mettre en garde : cette technique de productivité peut être dangereuse si elle est utilisée en permanence. Elle vous épuisera. Mais si vous l'employez correctement en supervisant bien votre niveau d'énergie, vous serez en mesure d'accomplir beaucoup plus de choses. Ainsi, comme je sais gérer mon temps, je me sens en paix quand je m'accorde une pause.

Dans les chapitres suivants, je vous présente de nombreuses suggestions pour combiner et créer des synergies dans votre vie. Mon objectif est de vous proposer des idées de secteurs dans lesquels vous pouvez doubler votre productivité. Je vous invite à les mettre en pratique pour voir si elles fonctionnent pour vous. Certaines suggestions seront plus utiles que d'autres. Ne vous laissez pas piéger par les exemples, servez-vous-en comme d'un tremplin pour trouver vos propres idées pour améliorer votre mode de vie.

Chapitre 1 — À la maison

En tant que parent, il est compréhensible de ressentir l'obligation de répondre à toutes les demandes de nos enfants, de nous efforcer de tout nettoyer après eux et de leur apporter tout ce dont ils ont besoin. Me trouvant trop souvent dans cette situation, je suis la première à le comprendre. Cependant, il est important de prendre du recul et de réaliser que cela peut poser des problèmes à long terme. En cédant facilement à toutes leurs demandes, nous risquons de renforcer leur dépendance et de compromettre leur capacité à prendre soin d'eux-mêmes et à développer des compétences essentielles. Il faut établir un équilibre entre les soutenir et encourager leur autonomie, qui se construit grâce à l'expérience et aux responsabilités. En les surprotégeant aujourd'hui, nous ne leur rendons pas service pour l'avenir. Le rôle des parents est de guider leurs enfants et de leur enseigner à devenir des individus autonomes qui seront fiers de leur indépendance et de leur débrouillardise.

Ainsi, il est tout à fait légitime de demander l'aide de vos enfants, un mantra que je me répète souvent. Il existe de nombreux tableaux en ligne répertoriant les tâches adaptées à chaque âge. Tout ce que vous réussirez à leur déléguer, vous n'aurez pas à le faire vous-même.

Aussi, vous pouvez réserver un moment à faire le ménage ensemble, puis vous récompenser en faisant quelque chose d'amusant, comme jouer à un jeu vidéo ou faire un casse-tête. Si vous travaillez à domicile ou si vous êtes un travailleur autonome, enrôler vos enfants dans votre travail peut être une expérience d'apprentissage inestimable pour eux. Vous pouvez ainsi partager vos valeurs, votre éthique de travail et votre passion, en les aidant à acquérir des compétences précieuses qui leur serviront tout au long de leur vie. Ils se sentiront valorisés et importants lorsqu'ils pourront vous assister dans votre travail, soit en emballant les commandes, en faisant semblant d'écrire un livre sur un clavier cassé, en dessinant pour vos clients ou en accueillant des visiteurs au bureau. Cela vous permet non seulement de continuer de travailler, mais aussi d'offrir à vos enfants une opportunité d'apprentissage et de croissance dans un environnement stimulant et agréable. Ils en garderont des souvenirs inoubliables, tout comme vous !

Voici d'autres idées pour maximiser le temps passé avec vos enfants, en fonction de leur âge et de leurs capacités.

- Cuisinez avec vos enfants. Cette activité les aide à développer d'importantes aptitudes, telles que mesurer, compter, suivre des recettes et préparer des aliments. Cela les encourage à essayer de nouveaux aliments et à adopter de saines habitudes alimentaires, ce qui peut avoir des effets bénéfiques durables sur leur santé et leur bienêtre. Bien que cela puisse parfois représenter un défi, cuisiner en famille est un moyen amusant et engageant de tisser des liens.
- Faites les courses ensemble. Magasiner avec les enfants peut présenter de nombreux avantages pour toute la famille. Les enfants apprennent à respecter un budget, à repérer

les aubaines et à planifier leurs repas, ce qui constitue des connaissances pratiques. Faire les courses implique de comparer les prix et de calculer, développant ainsi leurs compétences en mathématiques. Il encourage la prise de décision et la pensée critique lorsque les enfants choisissent ce qu'ils doivent acheter.

- Le jardinage. Mettre les mains à la terre peut aider les enfants à développer un mode de vie sain et à améliorer leur bienêtre physique et mental. Ils passeront du temps à l'extérieur, ce qui encouragera leur intérêt à prendre soin de notre planète. Ils apprendront la patience pendant que leurs graines poussent. Le jardinage est un excellent moyen d'en savoir plus sur la science et la nature tout en développant une appréciation pour les aliments sains.

- Les tâches ménagères. Faire des corvées avec les enfants leur apprend toutes les étapes nécessaires pour maintenir une maison propre et organisée. En accomplissant les tâches avec succès, ils ressentiront un sentiment d'accomplissement qui renforce leur estime de soi. Ils ont la satisfaction de contribuer au bienêtre de toute la famille en étant responsables et en persévérant.

- L'entretien de la maison. Si vous êtes propriétaire, il est souvent nécessaire d'effectuer des réparations, donc demandez à votre enfant de vous aider. Par exemple, il peut aller chercher des outils, prendre des mesures ou tenir l'échelle. Lorsque nous avons rénové la salle de bains, les enfants ont pris plaisir à casser et enlever les anciens carreaux de céramique. Non seulement vous bénéficierez de leur participation, mais ils développeront également leur confiance en leur capacité à s'impliquer dans des projets domestiques. Ces responsabilités présentent une excellente occasion d'améliorer le travail d'équipe et les compétences en communication, tout en renforçant les liens familiaux et en économisant de l'argent. Ils apprendront également tout ce qui est nécessaire pour entretenir une maison.

Pouvez-vous imaginer d'autres façons de transformer une corvée fastidieuse en une activité amusante qui crée des liens avec vos enfants ?

Dans un autre ordre d'idée, si vous voulez réduire votre temps de télévision, mais que votre partenaire reste collé à l'écran, ne vous inquiétez pas. Vous pouvez toujours vous blottir contre lui en lisant une biographie passionnante ou en suivant un cours en ligne avec des écouteurs. De cette façon, vous pouvez être dans le même espace tout en vous adonnant à des activités différentes qui sont épanouissantes et agréables pour vous deux.

Chapitre 2 — Au travail

Il est naturel de vivre des périodes plus tranquilles au travail, surtout si vous êtes en contrôle de vos responsabilités et maitrisez la situation. Nous devons tirer le meilleur parti de ces temps morts en trouvant un moyen d'ajouter de la valeur ou encore utiliser ces moments pour travailler sur nos objectifs et nos passions.

Bien qu'il soit tentant de perdre ce temps sur les médias sociaux ou en discutant avec ses collègues, il est bien plus productif de l'utiliser pour se former ou poursuivre des intérêts personnels. Il peut s'agir d'acquérir une nouvelle compétence, de travailler sur un projet parallèle ou simplement de prendre une pause pour se ressourcer et s'aérer l'esprit. L'essentiel est de tirer le meilleur parti de ce moment et de l'exploiter de manière bénéfique et enrichissante.

En utilisant les temps morts ou les pauses déjeuner, vous pouvez accomplir de nombreuses tâches personnelles différentes. Voici quelques idées pour vous aider à démarrer.

- Faites des commissions. Vous pouvez faire le plein de votre voiture ou faire un tour rapide à la pharmacie.
- Réglez des tâches brèves. Vous pouvez faire des réservations, passer des commandes en ligne, payer des factures,

envoyer des courriels à vos clients et prospects pour votre entreprise à temps partiel, ou prendre un rendez-vous chez le médecin. Si vous travaillez à domicile, vous pouvez lancer une lessive, vider le lave-vaisselle ou plier des vêtements.

- Apprenez. Lisez un livre, suivez un cours en ligne ou regardez des vidéos éducatives sur un sujet qui vous intéresse. J'ai déjà profité de mon heure de diner pour rédiger des devoirs pour un cours universitaire.

- Amusez-vous. Vous pouvez vous adonner à un passetemps ou à un intérêt personnel. Par exemple, vous pouvez écrire, dessiner, tenir un journal ou avancer un projet d'artisanat. Évidemment, cela est plus facile si vous travaillez à domicile.

- Bougez. Vous pouvez vous promener, faire des étirements ou vivre un moment de pleine conscience comme la méditation ou le yoga. Vous obtenez des points en plus si vous bougez avec vos collègues, ce qui vous permet de réseauter en même temps.

- Relaxez. Vous pouvez simplement vous détendre et vous ressourcer. Il peut s'agir de faire une sieste, de lire un livre de fiction ou d'écouter de la musique.

Bref, ces moments tranquilles offrent un fort potentiel pour prioriser vos besoins et votre bienêtre. Croyez-moi, il est impressionnant de constater la rapidité avec laquelle ces petites actions prises entre deux réunions finissent par s'accumuler pour donner des résultats probants. Si votre cerveau a besoin de se recharger, levez-vous au lieu de perdre votre temps sur les médias sociaux. Livrez des documents à un collègue ou allez remplir votre verre d'eau. Vous pourrez ainsi profiter d'un peu de temps libre tout en accomplissant quelque chose.

Il existe d'autres moyens d'accroitre votre productivité au travail. Si vous travaillez sur la route, vous pouvez rappeler des clients en conduisant. Quelles autres tâches pourriez-vous combiner ?

Chapitre 3 — Dans la cuisine

La cuisine est dédiée à des activités indispensables telles que la préparation des repas, le nettoyage, l'organisation et le rangement des aliments. Que vous aimiez ou non ces tâches nécessaires, il existe des moyens de les combiner pour une efficacité maximale.

Tout d'abord, cuisinez vos repas à l'avance pour réduire le temps que vous passez devant les fourneaux. Vous pouvez planifier, couper, cuire, portionner et congeler les aliments d'avance, généralement pour une semaine ou plusieurs jours à la fois. L'objectif de cette préparation est de disposer de repas sains et pratiques à consommer lorsqu'on a moins de temps ou d'énergie, ce qui peut vous aider à éviter les restaurants et à faire des choix alimentaires plus équilibrés. Je sais que si ma journée a été harassante, j'ai beaucoup plus de chance de bifurquer dans un service à l'auto si rien ne m'attend dans le réfrigérateur.

Si l'une de vos priorités est d'être avec vos enfants, faites-les participer à la cuisine comme discuté précédemment.

Même les jeunes enfants peuvent participer à des activités culinaires telles que mélanger une préparation ou laver des fruits et des légumes. Les enfants plus âgés peuvent être chargés de tâches plus complexes, comme mesurer des ingrédients, casser des œufs ou suivre une recette.

Bien qu'il faille un peu plus de temps pour faire participer vos enfants à la cuisine, vous leur apprenez des compétences inestimables et passez un moment de qualité avec eux, tout en préparant un délicieux repas pour votre famille. C'est une triple action !

Voici d'autres idées pour combiner les tâches dans la cuisine.

- Pendant que vous lavez la vaisselle, utilisez une application de reconnaissance vocale pour écrire votre blogue, répondez à des appels personnels ou discutez avec votre famille.
- Pendant que vous cuisinez, profitez de tout temps d'attente (comme durant la cuisson) pour vider le lave-vaisselle, essuyer les comptoirs, couper des légumes pour des repas ultérieurs ou préparer le déjeuner du lendemain.

L'essentiel est de tirer le meilleur parti de toute période d'attente en accomplissant de petites tâches qui peuvent être réalisées efficacement dans la cuisine. En combinant ces activités, vous pouvez minimiser le temps perdu et maximiser vos résultats.

Chapitre 4 — Dans la salle de bain

Quelques conseils et astuces peuvent vous aider à tirer le meilleur parti de votre temps dans la salle de bain. Tout d'abord, investissez dans des appareils efficaces. L'utilisation de produits de haute qualité, tels qu'un bon rasoir ou une serviette à séchage rapide, peut rendre votre routine de salle de bain plus agréable et productive.

L'une des tâches les plus fastidieuses pour moi comme parent est de surveiller les enfants lorsqu'ils se lavent. Cependant, vous pouvez faire beaucoup de choses pendant qu'ils jouent dans l'eau. Il arrive régulièrement que je plie des vêtements à côté du bain tout en discutant avec eux. Vous pouvez également réviser des leçons en les interrogeant sur les mathématiques, l'orthographe ou l'histoire. Ainsi, votre enfant se lave et apprend en même temps. Vous pouvez également faire bon usage de ce temps en nettoyant l'évier ou en essuyant les comptoirs.

Certaines familles sautent sous la douche en même temps ! Les petits se douchent avec un parent, qui peut facilement les aider à faire leur toilette. Si cela vous convient à tous, vous pourriez gagner beaucoup de temps.

Voici d'autres idées pour combiner les tâches dans la salle de bain.

- En attendant que l'eau de la douche réchauffe, nettoyez les murs.
- En attendant que le revitalisant fasse effet, rasez-vous les jambes, lavez-vous le corps ou appliquez un masque pour le visage.
- En attendant que votre vernis à ongles sèche, lisez un livre, regardez une formation en ligne ou écoutez un balado.
- Pendant que vous utilisez la salle de bain, vérifiez et répondez à des courriels ou à des messages sur votre cellulaire. Mon mari parle au téléphone avec ses parents alors que moi, je suis des cours d'allemand sur une application.

Lesquelles de ces suggestions aimeriez-vous essayer pendant votre temps dans la salle de bain ? Avez-vous des idées supplémentaires sur la façon de l'utiliser de manière productive ? La clé est d'identifier les petites actions qui peuvent être effectuées efficacement pendant que vous y êtes déjà. En combinant les tâches, vous pouvez libérer du temps pour d'autres activités tout au long de la journée.

Chapitre 5 — Faire de l'exercice

Pour de nombreuses personnes, l'exercice est souvent relégué au second plan lorsqu'elles ont un horaire chargé. En effet, il est facile de reporter la pratique d'une activité physique. Après tout, manquer une journée ne semble pas très grave et il est tentant de se persuader qu'on aura plus de temps le lendemain.

Malheureusement, la vie ne fonctionne pas ainsi. Le temps est limité et vous devez fournir un effort conscient pour intégrer le mouvement dans votre routine quotidienne. Même de petites actions peuvent faire une grande différence, alors ne vous souciez pas de faire des séances d'entrainement sophistiquées ou de suivre les dernières tendances en matière de remise en forme. Essayez simplement de bouger un peu votre corps chaque jour, même s'il ne s'agit que d'une simple promenade dans votre quartier. Fixez-vous de petits objectifs afin de ne pas avoir d'excuses pour ne pas les réaliser. Il est toujours possible d'en faire plus que ce qui était prévu.

Si vous manquez de temps, le meilleur moyen de vous assurer que vous faites de l'exercice est de l'intégrer à votre agenda. Même si vous ne pouvez pas faire une seule longue séance d'entrainement, le fait de la répartir en plusieurs petites sessions tout au long de la journée peut vous apporter de nombreux avantages. Les experts recommandent aux adultes de s'efforcer de pratiquer au moins 150 minutes d'activité aérobie d'intensité modérée par semaine. Si vous répartissez cette activité, cela équivaut à un minimum de vingt-et-une minutes d'exercice par jour.

Si vous êtes parent, essayez d'ajouter progressivement plus d'activités physiques dans votre routine familiale. Par exemple, un moyen simple d'augmenter la pratique sportive de votre famille est de faire une promenade avec vos enfants. Marcher côte à côte permet non seulement de faire bouger le corps, mais aussi de partager un moment privilégié. Il existe de nombreuses façons de rendre cette activité agréable. Vous pouvez parler de votre journée, écouter leurs soucis ou explorer la nature. C'est une façon amusante et éducative de bouger.

Vous pouvez profiter d'une promenade quotidienne pour diffuser une vidéo en direct sur vos médias sociaux ou pour enregistrer un balado.

Il existe également de nombreux programmes d'exercices qui intègrent les enfants dans le mouvement. Par exemple, certains parents utilisent leurs bébés comme poids ou font du yoga avec eux. Une poussette peut être un outil formidable, vous permettant de marcher, courir, faire du patin à roulettes ou du vélo tout en divertissant vos enfants. Partez en randonnée ou nagez à la plage. Les possibilités sont infinies, alors soyez créatifs et trouvez des activités qui vous conviennent, à vous et à votre famille.

Il existe de nombreuses autres façons de combiner les tâches tout en faisant de l'exercice.

- Durant une séance d'entrainement, écoutez un livre audio ou un balado ou regardez du contenu éducatif.

- Rendez le nettoyage de la maison plus amusant et plus actif en mettant de la musique et en accélérant le rythme. Non seulement vous ferez battre votre cœur, mais vous terminerez le ménage plus rapidement. Tout le monde y gagne !
- Jardinez. C'est un excellent moyen de bouger tout en cultivant des aliments sains. Pour accélérer votre rythme cardiaque, utilisez des outils qui demandent plus d'efforts physiques, comme des cisailles manuelles plutôt qu'une débroussailleuse électrique. Vous ferez ainsi travailler vos muscles et brulerez plus de calories.
- Profitez de votre pause repas pour vous promener ou faire de l'exercice. J'avais l'habitude de travailler près d'un sentier de ski de fond, et les gens s'adonnaient à ce sport de glisse pendant le diner. N'est-ce pas génial ? Profitez de ce que votre milieu de travail offre, que ce soit un gymnase, une piste cyclable à proximité, ou simplement le trottoir.
- Sortez pour bouger. Prenez l'air et faites-le plein de vitamine D. Des études ont montré que passer du temps dans la nature peut aider à réduire les symptômes de l'anxiété et de la dépression.
- Marchez partout où vous le pouvez. La marche présente de nombreux avantages : elle contribue au maintien d'un poids santé, renforce vos os et vos muscles, augmente votre niveau d'énergie tout en diminuant le stress, et améliore votre sommeil.

En intégrant l'exercice dans votre vie quotidienne, vous optimisez votre temps et progressez vers vos objectifs de santé et de forme physique.

Chapitre 6 — Le ménage

Avec un bon état d'esprit, le nettoyage peut être une activité amusante et énergisante qui contribue à votre santé et à votre bienêtre général. Le ménage et le rangement peuvent réduire le stress et l'anxiété en créant un sentiment d'ordre et de contrôle. Un environnement bien rangé peut également améliorer la productivité et la clarté mentale, ce qui permet de se concentrer plus facilement sur d'autres activités.

J'ai déjà donné des exemples de la façon dont vous pouvez combiner le nettoyage avec l'exercice, avec la famille ou avec l'apprentissage. Je vous partage d'autres idées.

- Si vous aimez regarder la télévision, vous pourriez effectuer des tâches en même temps, comme épousseter ou plier des vêtements.
- Utilisez vos oreilles. Mettez votre musique préférée, écoutez un livre audio, apprenez quelque chose de nouveau ou tenez-vous au courant des dernières nouvelles et tendances.
- Renforcez vos relations avec vos amis et votre famille en rattrapant le temps perdu au téléphone. Pourquoi ne pas appeler votre sœur pendant que vous lavez chacun votre

vaisselle ?

- Pratiquez simplement la pleine conscience en étant présent dans l'instant. Concentrez-vous sur la tâche à accomplir et prêtez attention à vos pensées et à vos sentiments.

En intégrant ces activités à votre routine de nettoyage, vous pouvez tirer le meilleur parti de votre temps et de votre énergie et contribuer à votre bienêtre général.

Chapitre 7 — Les transports

Les trajets domicile-travail sont une véritable perte de temps. Bien qu'il ne soit pas possible pour tout le monde de s'en débarrasser complètement, il existe quelques stratégies pour vous aider à les minimiser autant que possible. La première consiste à travailler à distance si votre emploi le permet, au moins quelques jours par semaine. Si le travail à domicile n'est pas envisageable, essayez de prendre les transports en commun au lieu de conduire. Cela peut réduire le stress lié à la conduite et vous faire économiser de l'argent sur l'essence et le stationnement. Si les transports publics ne sont pas disponibles ou pratiques, essayez de faire du covoiturage avec des collègues qui habitent à proximité. Si vous le pouvez, envisagez de vous rapprocher de votre lieu de travail ou de changer d'emploi. Cela pourrait réduire considérablement le temps et les frais de déplacement.

En fonction de la distance entre votre domicile et votre lieu de travail, vous pourrez peut-être faire du vélo ou de la marche, ce qui vous permet d'ajouter du mouvement dans votre journée. Pour rendre votre trajet plus rapide et plus facile, négociez un horaire qui vous permette d'éviter les heures de pointe.

Une fois que vous avez épuisé toutes les possibilités de réduire ou d'éliminer vos allers-retours journaliers, réfléchissez aux moyens de tirer le meilleur parti du temps que vous passez dans votre voiture.

Voici d'autres idées pour combiner les tâches pendant les trajets quotidiens.

- En conduisant, vous pouvez discuter avec vos enfants, les interroger ou jouer à un jeu éducatif comme compter en disant un chiffre à tour de rôle ou en nommant différents types d'oiseaux ou de légumes.
- Vous pouvez écouter un balado ou apprendre une nouvelle langue.
- Vous pouvez également couper tous les sons et utiliser ce temps pour réfléchir, planifier, être attentif ou faire un remue-méninge.

Prochaines étapes : Appliquez ces techniques dans votre vie

Maintenant que vous avez appris vingt-huit techniques simples pour stimuler votre productivité et sept domaines dans lesquels vous pouvez mener plusieurs tâches de front avec succès, il est temps de les mettre en pratique. Vous utilisez peut-être déjà certaines de ces idées, tandis que d'autres sont nouvelles pour vous. Expérimentez et essayez différentes stratégies.

N'oubliez pas que chacun a sa propre façon de travailler et de gérer son temps, et que ce qui fonctionne pour quelqu'un d'autre ne fonctionnera peut-être pas pour vous. Gardez l'esprit ouvert et soyez curieux de savoir comment différentes techniques peuvent vous aider à améliorer votre productivité et votre efficacité.

Il est également important de se rappeler que l'acquisition de nouvelles habitudes et l'intégration de ces techniques dans votre routine quotidienne demandent du temps et des efforts. Ne vous découragez pas si vous ne voyez pas de résultats immédiats. Donnez-vous le temps de vous adapter et de trouver ce qui vous convient le mieux. Suivez vos progrès et célébrez les petites réussites en cours de route.

En fin de compte, l'objectif est de trouver un équilibre. S'il est important d'être productif, il est tout aussi important de faire des pauses, de prendre soin de soi et d'éviter l'épuisement. Utilisez ces techniques pour vous aider à travailler plus intelligemment, et non plus durement, et consacrez plus de temps aux choses qui comptent le plus pour vous.

Bonus

Souhaitez-vous suivre vos habitudes et ne pas perdre de vue vos objectifs ? Notre nouvelle feuille de travail est là pour vous aider ! Avec de l'espace pour six habitudes quotidiennes et sept mois de suivi, c'est l'outil parfait pour vous responsabiliser et vous motiver.

Il vous suffit d'imprimer la feuille quadrillée et de commencer à suivre vos comportements en cochant une case ou en notant vos progrès chaque jour. Que vous souhaitiez lire davantage, faire de l'exercice régulièrement ou même faire cent sauts à la corde quotidiens, cette feuille de travail vous permettra de rester sur la bonne voie.

Mais ce n'est pas tout : vous pouvez chiffrer vos progrès, par exemple en notant le nombre de minutes de méditation ou les kilomètres parcourus. Cette feuille est entièrement personnalisable en fonction de vos objectifs et de vos préférences.

Alors, qu'attendez-vous ? Faites le premier pas vers un meilleur etat d'esprit et téléchargez dès aujourd'hui la feuille de travail sur le suivi des habitudes !

Vous pouvez l'obtenir gratuitement ici (en anglais) :
https://mailchi.mp/d7d6e72c9f20/habitcreationworksheet

À propos de l'autrice

Josiane Fortin est une véritable experte dans le domaine de la productivité, ayant passé plus de vingt-cinq ans à aiguiser ses compétences et à perfectionner ses techniques. Mère de deux enfants, écrivaine, peintre, créatrice de contenu et travailleuse à temps plein, elle sait comment produire des résultats rapidement et efficacement.

Avec les précieuses stratégies présentées dans ce livre, Josiane Fortin a partagé ses meilleures méthodes pour maximiser votre efficacité. De l'élimination des distractions à l'utilisation d'outils permettant de gagner du temps, elle offre une foule de conseils qui peuvent vous aider à faire plus, plus rapidement.

En suivant quelques-unes des suggestions, vous pourrez vous aussi augmenter considérablement votre productivité. Que vous soyez un professionnel occupé, un étudiant, un parent ou toute personne cherchant à améliorer ses résultats, les techniques de l'autrice vous aideront certainement à en faire plus en moins de temps.

Alors, pourquoi ne pas faire le premier pas vers une vie plus productive et plus épanouissante ? Commencez à mettre en œuvre certaine des stratégies décrites dans ce livre et constatez par vous-même tout ce que vous pouvez accomplir en une journée, une semaine ou même une année ! Grâce aux conseils et au soutien de Josiane, vous pourrez atteindre vos objectifs et profiter au maximum de chaque instant.